Das Dach
DER WELT

Träger auf dem Weg zum K 2-Basislager. Rechts der K 2 (8611 m), zweithöchster Berg der Erde. Links der Marble Peak, im Vordergrund Concordia.

Das Dach DER WELT

Himalaya und Karakorum · Nepal · Tibet

von Hans-J. Aubert, Andreas Gruschke und Jürgen Winkler

SCONTO

Vom Wind zerzaust blicken die Kiefern vom Rand des 3800 Meter hohen Shyangboche-Plateaus auf die Eiswand des 6856 Meter hohen Ama Dablam.

INHALT

Weg zum Pilgerort Gangotri, Garhwal Himal.

Abstieg über den Nordostgrat des Bhaigirathi II (6512m) in Garhwal Himal. Zwei Tage braucht man vom Basislager zum Gipfel.

HIMALAYA UND KARAKORUM

Fotos Jürgen Winkler
Text Andreas Gruschke

ZU DEN GÖTTERSITZEN IM REICH DES SCHNEES

Die Mädchen und Frauen von Laya tragen langes Haar und schmücken ihr Haupt mit einem Hütchen aus geflochtenem Bambus. Das Dorf Laya (3800 m) liegt sehr abgeschieden im Nordwesten Bhutans.

«Plötzlich vor uns, an der wiegenden Schlange der Wagen vorbei, genau im Norden, über jähen Dschungelmauern und dräuend hingelagerten Wolkenungetümen, viel höher, viel reiner, viel klarer, als ich zu ahnen oder zu träumen vermochte, eine wunderbare, eine wildgezackte Linie aus reinstem Rosarot und scharlachüberhauchtem Weiß: die Hauptkette des Himalaya!» Mögen uns diese Himalaya-Gipfel noch heute schier unüberwindbar scheinen, dereinst war schon das Tiefland zu Füßen des Dachs der Welt für die Menschen undurchdringlich. In den «Duars» – den flachwelligen Vorbergen und weitläufigen Talschaften – versperrte ein dichter Dschungel den Weg. Wer sich auch durch dessen Dickichte zu kämpfen vermochte, konnte gleichwohl noch der hier einst heftig wütenden Malaria zum Opfer fallen. Zwischen die unerträgliche Schwüle des Monsuns im indischen Ganges-Tiefland und das gemäßigte subtropische Klima der mittleren Berglagen hatte die Natur jenes schauerliche Tropenfieber geschaltet, das den Befallenen abwechselnd in Hitzewallungen verschmachten und vor Kälte bebend frieren läßt. Menschenleer war daher der Gebirgsfuß bis in jüngste Zeit geblieben.

WOHNSTÄTTE DES SCHNEES

Fiel der Mensch noch vor ein, zwei Jahrhunderten dieser «Ausdünstung des Dschungels» schnell zum Opfer, so ist heute der Urwald seinerseits dem Menschen zum Opfer gefallen. Moderne Medizin und staatliche Krankenversorgungssysteme haben der Malaria den einstigen Schrecken genommen, und aus den ehemals menschenleeren Gebieten am Fuß des Himalaya sind die am dichtesten bevölkerten Zonen Nepals und Bhutans geworden. Meist wenig beeindruckt von spärlichen, in Reservate gezwängten Dschungelresten nähern wir uns heutzutage den immergrünen Ausläufern der in Höhe und Ausdehnung immerhin fast unseren Alpen gleichkommenden Vorberge des Dachs der Welt: Pir Panjal (West-Himalaya) und Mahabharat Lekh (Zentral-Himalaya) etwa. Mächtig türmt sich vor uns eine berückend schöne Bergregion auf, eine Welt, die eher himmlischen als irdischen Gefilden zuzurechnen ist. Über ohnehin schon gewaltigen Wolkenbildungen erheben sich die grünbewachsenen Himalaya-Hänge und darüber die Schnee- und Eispaläste des Hohen Himalaya: unwirklich und unantastbar.

Der Name des Gebirges leitet sich von den Sanskritsilben *hima*, «Schnee», und *alaya*, «Wohnsitz», her und wird üblicherweise nicht nur als «Wohnstätte des Schnees» bezeichnet, sondern darüber hinaus als «Sitze der Götter», da die Hindus die Residenzen ihrer Götterlieblinge in den eisigen Gipfelhöhen des Himalaya und Transhimalaya vermuten. Der Himalaya dehnt sich zwischen den großen Durchbruchsschluchten der südasia-

Auf einer Landzunge am Zusammenfluß von Mo-Chu und Pho-Chu (Mutter- und Vaterfluß) liegt der Punakha Dzong. Bis in die fünfziger Jahre hinein war der Ort Punakha (1300 m) aufgrund des milden Klimas die Winterresidenz der Könige von Bhutan.

Schmaler Weg durch Reisterrassen im Tal der Marsyangdi. Von den wenigen Straßen einmal abgesehen, ist ganz Nepal Fußgängerzone. Selbst schwere Lasten werden oft tagelang über schwierige Pfade auf Menschenrücken transportiert.

tischen Ströme Indus im Westen und Brahmaputra im Osten aus, die im Norden noch Teile Südtibets umrahmen. Mit Himalaya war ursprünglich nur die vergletscherte Hauptkette des Hohen Himalaya gemeint, weshalb die Menschen in Indien und Nepal noch einzelne Himal-Massive unterscheiden: Annapurna Himal, Ganesh Himal oder Rolwaling Himal etwa. Unmittelbar nördlich des Indus-Tals setzt sich im Westen die Gebirgskette im Karakorum fort, dessen zweiter Namensbestandteil *korum*, »Geröll«, – neben *kara* für »schwarz« – bereits eines seiner Wesensmerkmale verrät: Riesige Geröllhalden und Schotterterrassen beherrschen seine Täler und Steilhänge. Wenn aber der Himalaya die Wohnstätte des Schnees ist, dann gehört dieser Teil des Dachs der Welt den Gletschern: Immerhin umfaßt der Karakorum die größte zusammenhängende Eisfläche außerhalb der Polargebiete.

Ein weiblicher Yak, Nak oder auch Dri genannt, säugt ihr Junges. Im Hohen Himalaya und in weiten Teilen Tibets ist der Yak das wichtigste Tier für den Menschen. Yaks sind sehr genügsam und dem harten Klima hervorragend angepaßt.

Im Westen des Karakorum schließt sich der im Tirich Mir bis auf 7750 Meter aufragende Hindukusch an, während der Transhimalaya im Norden des Hohen Himalaya den Übergang aufs tibetische Hochland bildet. Im äußersten Osten schwingt der Himalaya in den schier endlosen Ketten des tiefzerfurchten Hengduan Shan in Südwest-China aus, der von fast allen großen ost- und südostasiatischen Strömen durchflossen wird: Hier tragen die großen Flußsysteme von Yangzi, Mekong, Salween, Irrawaddy und Brahmaputra das von ihnen in einem Großteil des tibetischen Hochlandes und an den Nordhängen des Himalaya gesammelte Niederschlagswasser in die fruchtbaren Beckenlandschaften und Ebenen von China, Laos, Vietnam, Kambodscha, Burma und Nordostindien.

Ein aus Yakwolle gefertigtes Zelt in der Nähe des 4720 Meter hohen Nheli in Bhutan. In den Sommermonaten ziehen manche Familien mit ihren Yakherden auf die Hochweiden. Aus der Milch wird Käse gewonnen, der dann in Streifen über dem Feuer im Zelt getrocknet wird.

Genaugenommen umfaßt das rund drei Millionen Quadratkilometer große Dach der Welt einen Landschaftsraum fast subkontinentalen Ausmaßes. Zu ihm gehören die «Spitzdächer» der welthöchsten Gebirgsketten im Westen, Süden und Südosten sowie das «tibetische Flachdach» im Norden. Zahllos sind die Gipfel um 6000 Meter, die über allen Teilen der Hochebenen aufragen, während die Siebentausender sich auf die großen Gebirgsmassive beschränken, die sich vom Hindukusch im Westen über Pamir, Karakorum, Kunlun Shan, Himalaya, Transhimalaya bis zu den osttibetisch-chinesischen Randketten hinziehen. Einzig die zentralen Massive des Hohen Himalaya und Karakorum weisen Achttausender auf. In allen 14 Gipfeln, die diese Marke übertreffen, ob in der «Wohnstätte des Schnees», Himalaya, oder im stark vergletscherten «Schwarzen Geröll», Karakorum, sollten wir nicht allein das Dach der Welt ausmachen, sondern wahrlich dessen Giebel!

MANIFESTATIONEN DES UNIVERSUMS

Die ersten, die im Himalaya siedelten, waren die Götter, so wollen das die Bewohner der Region wissen. Als der Mensch auftrat, hatten sie bereits Besitz von den Schneebergen ergriffen. Wirken doch die Eiskristallpalästen gleichenden Schneegipfel derart erhaben, daß die Menschen nicht unbedingt davon ausgehen können, die Götter hätten sie als schlichte Berge erschaffen – zu vermessen scheint ihnen ein derartiger Gedanke. Für sie sind die Gipfel die Manifestation der Götter selbst. So berichtet etwa ein Mythos davon, wie im

Nachdem dieser Yak entladen war, stand er bei minus 20 Grad noch stundenlang im Schneesturm. Erst als die Sonne zum Vorschein kam, fiel ein Teil des angewehten Schnees von seinem langen, dicken Fell.

Schon vor Sonnenaufgang ist dieser Bauer mit seiner Frau in den entfernten Bergwald gestiegen, um Brennholz für die Küche zu holen.

Unterwegs zum Makalu in Ostnepal. Es ist ein weiter Weg von der Landepiste in Tumlingtar bis hinauf zum Makalu Basecamp in 4900 Meter Höhe – acht bis neun Tage.

Idylle in Bhaktapur. Die Sonne tut gut im Monat Dezember. Während im Hauseingang die Tochter von der Mutter gelaust wird, hält ihr Sohn stille Zwiesprache mit dem Hund.

Schneeland das Meer zu Land wurde. Ein fünfköpfiger Giftdrache wühlte seinerzeit das Meer auf, zerstörte damit Wälder und überschwemmte Wiesen. Fünf Feen erschienen in der Form bunter Wolken und wiesen den Drachen in seine Schranken. Nachdem das Meer sich beruhigt hatte, sich zurückzog und die Landfläche freigab, baten die erretteten Tiere die Feen, bei ihnen zu bleiben und sie fortan zu beschützen. Der Bitte kamen die himmlischen Wesen nach und verwandelten sich – so die Legende – in die fünf höchsten Gipfel des Himalaya. Tseringma, die Göttin des Glücks und des langen Lebens, die auf dem Berg Gaurisankar residiert, und ihre vier Schwestern werden bis heute – insbesondere von den Sherpa in Ostnepal – als die »Fünf Glücksschwestern« verehrt.

Die Götter waren demnach als erste gekommen und hatten die »Wohnstätte des Schnees« in Besitz genommen. Die Gebirgswelt des Himalaya ist daher Subjekt und Objekt eines religiösen Mysteriums zugleich. Ihre mystische Ausstrahlung ist prägend – und doch nicht dominierend – für den Glauben der Menschen hier. Aus ihrer Begegnung mit der Unberechenbarkeit der Natur, der Wechselhaftigkeit der Witterungen und der Entrücktheit der Schneegipfel entwickelten sie den Glauben an die Beseeltheit der Umwelt. Alles Göttliche wurde in alter Zeit unmittelbar auf die Natur bezogen. Weniger mächtige Gestalten unter den Gottheiten – Dämonen, Geister und drachenähnliche Wesen – leben nach diesen Glaubensvorstellungen in niederen Regionen, sind in die Täler, Wälder oder unter die Erde verbannt. Unter dem Eindruck ständiger Bedrohung durch Naturerscheinungen entwickelten die Bewohner ihre animistische Religion weiter, und so entstand die Überzeugung, die beseelte Natur könne durch Unterwerfungsriten und Beschwörung beeinflußt werden. Im Rahmen jener alttibetischen Bön-Religion, deren Vielfalt so groß war wie die Zahl der ihr anhängenden Völker, war dies die Aufgabe der Bönpos.

Wenn Opfer und Zauberpraktiken die Natur nicht besänftigten, Anrufungen nicht mehr genügten, machten sich die Schamanen auf die Jenseitsreise. Ihnen oblag es, feindselige Mächte zu beschwören und dadurch zu zähmen, wohlgesonnene Götter und Geister aber um Schutz und Hilfe anzurufen. In den tiefen Schluchten der Gebirge und den Hochtälern des Pamir, Karakorum und Himalaya hat sich der Schamanismus bis heute gehalten. In verschiedensten Ausprägungen, zusammen mit anderen animistischen Phänomenen, ist er auch noch in den Wäldern bei den abgeschieden lebenden Bergstämmen im Ost-Himalaya lebendig.

Lieblingswohnorte der göttlichen Wesen sind meist Bergeshöhen, Seen, Flüsse und andere markante Punkte der Landschaft. Wer kann es ihnen verdenken?

Welche Dimensionen, welche Kontraste! Tief unten und winzig klein die Sherpa-Siedlung Beding (3700 m) im oberen Rolwaling-Tal. Mehr als 3000 Meter darüber einer der heiligsten Berge des Himalaya, der Gaurisankar (7144 m). Jomo Tseringma, die »göttliche Mutter des langen Lebens«, heißt der schöne Berg bei den Sherpa.

Kleine und große Eistürme auf dem Khumbu-Gletscher in 5200 Meter Höhe. Ganz in der Nähe befindet sich das Everest-Basislager.

Ausblick vom Kala Pattar auf das höchste Bergmassiv der Erde. Die dunkle Pyramide links im Bild ist der 8848 Meter hohe Mount Everest. Rechts im Sonnenlicht die markante Westschulter (7154 m) des langen Nuptse-Grats.

Der Mount Everest von Norden, von der tibetischen Seite. So sahen die englischen Expeditionen in den Jahren von 1921 bis 1947 den höchsten Berg. Nepal war bis 1951 verschlossenes Land. In der Bildmitte der schuttbedeckte Rongbuk-Gletscher.

Keine Wolken, sondern riesige Schneefahnen hängen in der Leeseite von Everest (links) und Lhotse (8516 m). Vom höchsten Berg schaut nur der Gipfel hinter dem Nuptsegrat hervor.

Der Pumori (7161 m) im Everest-Gebiet zählt zu den schönsten Gipfeln der Welt. Der kleine Grataus-läufer, am unteren Rand der Bildmitte sichtbar, ist der berühmte Aussichtspunkt mit dem Namen Kala Pattar.

Der 8463 Meter hohe Makalu im Nordosten Nepals. Einer französischen Expedition gelang mit Hilfe von künstlichem Sauerstoff 1955 die Erstbesteigung. Alle Teilnehmer und ein Nepali erreichten den Gipfel.

Uns Menschen geht es doch nicht viel anders: Stille Seeufer laden uns zum Verweilen ein, andere werden von Bergmassiven zum Gipfelsturm verlockt, und tosende Stromschnellen lassen uns kalte Schauer über den Rücken laufen. Kein Wunder bei der Zahl der Geister, die dort hausen!

Die großen Kulturnationen um das Dach der Welt jedoch haben ihre schamanistischen Vorstellungen längst abgelegt und Glaubensformen wie den Hinduismus und Buddhismus, Islam oder Daoismus entwickelt. Doch eines hat sich aus der alten Zeit in die neue Ära gerettet: Auch ihre Götter wohnen am liebsten auf den hohen, schönen und steilen Gipfeln oder auf dem tiefblauen Seegrund. Heilige Seen und Götterberge sind Legion auf dem Dach der Welt, in Tibet, im Karakorum und Himalaya. Hier haben Hindugottheiten ihre Sitze ebenso wie die noch immer als Ahnen angesehenen Berggötter der alten Bön-Religion, die schließlich wohlwollende Aufnahme in das Pantheon des Tantrismus, die magische Form des Buddhismus, fanden.

Entsprechend der riesigen Ausdehnung des Dachs der Welt ist auch die Zahl solcher Ahnengötter unüberschaubar. Früh schon haben sich einige der Berggottheiten als besonders bedeutend herauskristallisiert und den vier Himmelsrichtungen entsprechend in Vierergruppen um verschiedene Königreiche gruppiert. Im alten Tibet waren die vier wichtigsten heiligen Berge: der im Osten residierende Yarlha Shampo, von dem der erste der legendären Bod-Könige herabgestiegen sein soll, der Nyenchen Thanglha im Norden, Nöjinkangsang im Westen und Kula Kangri im Süden an der Grenze zu Bhutan. Die leicht reizbaren Nyen-Geister, die in Gräben und im Felsgestein der Berge hausen, vermögen den Menschen Krankheit und Tod zu schicken. Daher rufen die Tibeter ihren obersten Herrn – den auf dem gleichnamigen Berg wohnenden Nyenchen Thanglha – an, sie zu beschützen.

Jede klassische Region hat ihre lokale Berggottheit – wie das Khumbu-Gebiet der Sherpa im Osten Nepals die schon angesprochene Tseringma oder das tibetisch-bhutanische Grenzgebiet die «Herrin der Götterberge» Chomolhari. Kangchendzönga thront nicht nur über, sondern wacht auch über Sikkim, und in Zentralnepal gilt Annapurna als die «Nahrungsspendende Gottheit», da wegen der Gletscher das fruchtbarkeitsspendende Naß ganzjährig von ihren Hängen fließt. Den Zorn der Berggötter bekamen die frühen Bergsteiger und ihre Begleiter am Nanga Parbat – so glauben die Einheimischen – überdeutlich zu spüren, als dessen Geist sie nicht mehr losließ und sie in die Tiefe stürzte.

Der bedeutendste und im mystischen Sinn überragendste aller heiligen Berge aber ist der Kailash, das tibetische «Schneejuwel» Kang Rinpoche. Als Himmels-

pfeiler, der die Verbindung zwischen den verschiedenen Himmeln und Weltenbereichen herstellt, als kosmische Achse Meru, die durch alle Sphären reicht, gilt er den Anhängern von vier Religionen als Götterberg: den Buddhisten, Bön-Gläubigen, den indischen Jainas und auch den Hindus, die ihn als Residenz ihres Gottes Shiva ansehen. Aus fast allen Himmelsrichtungen pilgern Gläubige dorthin, auf der indischen Seite sind die Beschwernisse auf dem Weg durch tiefe Schluchten und über schwierige Pässe am größten. Kein Wunder, daß der Himalaya im Südwesten der Kailash-Region besonders viele Wallfahrtsstätten und Pilgerorte aufweist. Immerhin ist dort die Quelle der heiligen »Mutter Ganges« zu finden, überstrahlt in göttlichem Glanz von Nanda Devi, dem höchsten Berg Indiens.

Im Jahr 1950 standen erstmals zwei Menschen auf einem Achttausender. Während einer französischen Expedition gelangten am 3. Juni Maurice Herzog und Louis Lachenal auf die Annapurna I (8091 m). Zwanzig Jahre später durchstiegen Engländer die extrem schwierige Südwand (im Bild).

AUF DER SUCHE NACH «VERBORGENEN TÄLERN»

Nordwestlich von Everest und Pumori erhebt sich eine gewaltige, etwa elf Kilometer lange Barriere aus Fels und Eis mit dem Cho Oyu (8201 m) als höchstem Gipfel. Rechts im Bild der schuttbedeckte Ngozumpa-Gletscher.

Gemeinhin werden als früheste Entdecker der Himalaya-Riesen die europäischen Missionspatres Andrade und Marques genannt. Häufig wird dabei aber vergessen, daß die beinahe unpassierbaren engen Gebirgsschluchten und schwer zu überschreitenden Pässe auch für die heute im Umfeld des Dachs der Welt lebenden Völker einstmals eine neu zu erobernde Welt darstellten: Zweifelsohne waren verschiedene Völkerschaften schon früh in die Bergwelt vorgestoßen und hatten dort zu siedeln begonnen. Dies geschah selbstverständlich nicht aus Forscherdrang, sondern weil sie aus ihren angestammten Gebieten verdrängt worden waren.

Wanderungsbewegungen größeren Ausmaßes sind im Himalaya schon seit Jahrtausenden nachgewiesen. Qiang-Völker, zentralasiatische Viehzüchternomaden, wanderten seit dem 2. Jahrtausend v. Chr. auf das tibetische Hochland ein. Ihre Migration, die im nordosttibetischen Amdo ihren Anfang nahm, führte um die Zeitenwende zum Konflikt mit einheimischen Stämmen in Südtibet, die sich unterwerfen mußten oder aber in den Himalaya auswichen. Im 4. Jahrhundert wurden südlich des Himalaya die Licchavi aus dem indischen Bihar vertrieben, die sich daraufhin im Nepal-Tal niederließen, wo sie eine der frühesten Königsdynastien des Gebirges gründeten. Wenn ein Hirtenkriegervolk über die Routen der zentralasiatischen Seidenstraße im Norden Tibets die kleinen Oasen am Wüstenrand überschwemmte, wurden dort immer wieder die Altvölker zu Ausweichbewegungen genötigt. Einige Stämme zogen über die Gebirgsbarrieren des Tian Shan, andere über den Pamir und Karakorum; und manche der heutigen kleinen Splittervölker im ethnischen Mosaik des Dachs der Welt bezeugen, daß sich einst viele der Flüchtlinge in den Bergen niederließen und mit

Wer von Delhi nach Kathmandu fliegt und auf der linken Seite im Flugzeug sitzt, erkennt als ersten der ganz großen Berge in der Himalaya-Kette den Dhaulagiri (8167 m).

Oberes Marsyangdi-Tal (3500 m) mit der Annapurna II (7937 m). Links vom Fluß die Ortschaft Manang. Dicht zusammengedrängt liegen die Häuser mit ihren flachen Dächern, ein deutliches Kennzeichen für das aride Klima der Region. Nur 20 Kilometer weiter im Süden dagegen findet man eine der niederschlagreichsten Zonen Nepals.

Im Rücken die Annapurna (8091 m), gegenüber der Dhaulagiri (8167 m); dazwischen, tief unten, das Tal des Flusses Kali Gandaki.

Yakkarawane unterwegs im südlichen Tibet. Für viele Menschen in Tibet und im Himalaya ist der Yak auch heute noch unentbehrlich. Kein anderes Tier trägt schwere Lasten, auch im schwierigen Gelände, so sicher wie er.

Weil Yaks das heiße und feuchte Klima in den tiefen Tälern nicht vertragen, müssen die Lasten auf Maulesel umgeladen werden. Diese Mulis kommen von Pokhara und ziehen ins obere Kali-Gandaki-Tal.

SALZKARAWANEN IM HIMALAYA

Tibetische Volksgruppen diesseits und jenseits des Himalaya-Hauptkamms betreiben seit Jahrhunderten das harte Geschäft des Karawanenhandels und ziehen mit ihren Tieren monatelang über das Dach der Welt.

Nördlich der schneebedeckten Gebirgsketten von Himalaya und Transhimalaya erstrecken sich in der Weite Tibets tiefblaue Seen, deren Wasserflächen an schönen Tagen am Horizont mit dem Himmel zu verschmelzen scheinen. Zumeist sind es abflußlose Salzseen, die in eine im Winter braungelbe, im Sommer grüne Steppenlandschaft eingebettet sind. Ihr Wasser ist für Menschen ungenießbar. Tibetische Nomaden der »Nördlichen Ebenen«, Changthang, wissen jedoch mit diesem Umstand seit Jahrhunderten zu leben, die Seen liefern ihnen ein wertvolles Handelsgut: Salz.

Zwar wesentlich seltener als früher, kann es auch heutzutage noch geschehen, daß im Spätfrühling oder Frühsommer eine Salzkarawane über die »Nördlichen Ebenen« zieht. Im beginnenden Frühjahr treiben Drokpa – wie die nomadisierenden Hirten des zentralen Tibet genannt werden – ihre besten Packtiere, Yaks oder Schafe zusammen und ziehen dann mit ihnen über Hunderte von Kilometern nach Norden in den Changthang, um sie dort mit Salz zu beladen.

Für die monatelange Karawanentour schließen sich immer noch Mitglieder verschiedener Familien zusammen. In alter Zeit zogen sie in größeren Gruppen, um sich gegen Räuber behaupten zu können. Heute besteht ein Team aus mindestens vier Männern, von denen jeder für etwa 35 Yaks verantwortlich ist. Da ein Yak imstande ist, rund einen Doppelzentner Salz zu tragen, lädt eine solche Vierergruppe den Tieren jeden Morgen etwa 14 Tonnen Salz auf und abends wieder ab. An einem Tag kommen sie daher kaum mehr als 20 Kilometer voran, zumal die Tiere Zeit zum Grasen benötigen. Wenn die Weiden dürr und Yaks und Schafe mager sind, gehen häufig Tiere vor Erschöpfung ein.

Die Zielorte der tibetischen Karawanen waren und sind die Salzumschlagplätze im südlichsten Teil des Landes nahe der Grenze zu Nepal. Hier haben Bhotia-Volksgruppen, tibetisch-buddhistische Bergstämme, die kargen Landschaften besiedelt, in denen zu überleben der Ackerbau allein nicht erlaubt. Daher müssen auch sie sich zusammenschließen und mit ihren Tieren über die Grenze in die südwesttibetischen Handelsorte Purang und Tradün in der Kailash-Region oder die großen Zeltlager der südlichen Tsangpo-Nebentäler ziehen, wo sie ihre mitgebrachte Gerste oder ihren Reis gegen das Salz der tibetischen Nomaden eintauschen.

Yaks im Everest-Gebiet (oben). So bekommen Kinder einen intensiven Kontakt zu Tieren (unten).

Gegen Mitte unseres Jahrhunderts erfuhr der Salzhandel im tibetisch-nepalischen Raum starke Veränderungen. Zum einen gelangte seit den dreißiger Jahren allmählich Salz aus dem indischen Tiefland auf die Märkte des Himalaya-Königreichs, weshalb der Wert des Salzes verfiel und sich die Mühsal der Salzkarawanen kaum mehr lohnte; zum andern wurde der Salzhandel Nepals in den sechziger Jahren in die Hände einer Staatshandelsgesellschaft gelegt, wodurch die Drokpa und ihre Bhotia-Partner ihren wichtigsten Absatzmarkt verloren. Der chinesische Einmarsch in Tibet 1950 brachte überdies den gesamten Grenzhandel für zwei Jahrzehnte zum Erliegen, bevor er mit Reglementierungen in den achtziger Jahren wieder in Gang kam. Auf die Problematik dieser Entwicklung reagierten die Drokpa und Bhotia mit einer Diversifizierung ihres Handelsangebots. Salzkarawanen, die noch heute über das Dach der Welt ziehen, handeln nicht mehr nur Salz gegen Getreide, sondern sie tragen darüber hinaus Waren aus China und Nepal auf den Rücken ihrer Lasttiere in beiden Richtungen über die tibetisch-nepalische Grenze.

Einheimischen vermischten. Als später im 9. Jahrhundert islamische Heere Zentralasien und Indien überrannten, führte dies zu erneuten Wanderungsbewegungen, die sowohl aus Indien stammende Zuwanderer in den Himalaya und Karakorum als auch turkstämmige buddhistische Mönche aus Khotan von Norden nach Tibet vordringen ließen. Das neuzeitliche Nepal geht zurück auf die Gurkha, die sich als indische Immigranten im zentralen Himalaya niedergelassen und von dort aus im 18. Jahrhundert das ganze Königreich für sich erobert hatten. Selbst in der Moderne kamen die Völkerwanderungen nicht zum Stehen, wie das Beispiel des indisch geprägten Sikkim zeigt. Ähnliche Vorgänge sind im chinesisch beherrschten Tibet, im zum indischen Teil Kaschmirs gehörenden Ladakh, aber auch in Nepal und Bhutan zu beobachten, wo Inder und Nepali für sich eine heilere Lebensumwelt zu finden hoffen.

Die alte Architektur im Kathmandu-Tal, besonders die Ziegelbauweise in Verbindung mit prächtig geschnitzten Türen und Fensterstöcken, ist einzigartig. Die Händlerin hat ihre Ware am Eingang eines ehemaligen Klosters ausgebreitet.

Für die Menschen auf der Südseite der Gebirge war Tibet die mystische, mehr dem Himmel als der Erde zugehörige Welt, während andererseits die Tibeter, die im Lauf ihrer Geschichte zur Genüge von den Widrigkeiten der Natur wie den Launen ihrer Herrscher geplagt wurden, ihr verheißenes Land eher in den schwer zugänglichen Tälern des Himalaya vermuteten. Im Vergleich mit der Kargheit ihres Hochlandes und den Härten der Witterung konnten die vegetationsreichen Talschaften mit ihrem milden Klima in ihren Augen nur Paradiese sein. Menschenleer, weil durch die Dschungel im Süden abgeschirmt, waren diese «Verborgenen Täler» so gut wie herrschaftslos und daher ohne Unterdrückung. Auf dieser Grundlage entwickelten sich die Shangri La-Vorstellungen: der Traum eines «irdischen Paradieses» in «Verborgenen Tälern».

Die frühen «Entdecker» des Himalaya und Karakorum waren also Vertriebene; aber auch Händler und Pilger kamen, die in ihrem Drang nach besseren Geschäften und im frommen Wunsch nach religiösem Verdienst manches Wagnis eher auf sich nahmen als andere Gesellschaftsgruppen. Wie ein «Gästebuch des Karakorum» erscheinen uns heute die mit dem Bau des Karakorum Highway in den sechziger und siebziger Jahren bekanntgewordenen Felsbilder im Indus-Tal, wo Pilger und fromme Händler als Segenswünsche ihre Felsgravuren und Inschriften hinterlassen haben. Tibeter drangen ebenfalls immer wieder in die steile und abgründige Gebirgswelt an der Südflanke ihres Plateaus vor, wo im 17. Jahrhundert sogar buddhistische Missionare eigene Reiche – Sikkim und Bhutan – begründeten. Einer der letzten Volksstämme, die über die Himalaya-Pässe in ihr verheißenes «Verborgenes Tal» kamen, waren die Sherpa, die heute die nordostnepalische Region Khumbu besiedeln.

AUF HANDELSWEGEN DURCH SCHNEE UND EIS

Händler hatten Mittel und Wege erschlossen, über die gewaltigen Gebirge zu gelangen. Als die Europäer in sie vorstießen, folgten sie zunächst den Karawanenpfaden dieser Kaufleute. Die ladakhische Hauptstadt Leh etwa, die im 19. Jahrhundert vielleicht 2000 bis 3000 Einwohner zählte, demonstriert mit damals über 20 000 Durchreisenden pro Jahr sehr schön die Bedeutung solcher Handelswege. Auf 3500 Meter Höhe entstand ein Sammelplatz mitten im Hochgebirge, eingerahmt von Sechstausendern, die teilweise nur über 5000 und mehr Meter hohe Pässe zu überwinden waren. Hier trafen sich Entdeckerdrang und «Paradiesvorstellungen» all jener Völker, die über den Karawanenweg von Indien nach Tibet sowie von Turkestan nach Kaschmir in Verbindung standen.

Ins Abendland drang lange Zeit keine Kunde vom Dach der Welt. Allenfalls von den mächtigen Randgebirgen war frühzeitig etwas zu erfahren gewesen: Die Eroberungszüge Alexanders des Großen in Indien im Jahr 325 v. Chr. brachten die ersten Nachrichten über die schneebedeckten Ketten des Himalaya nach Europa. Die Chinesen, die schon vor zwei Jahrtausenden eine Garnison im äußersten Nordosten des tibetischen

Der auf einem Hügel gelegene Stupa von Svayambhunath zählt zu den wichtigsten Sehenswürdigkeiten Nepals. Sein Alter wird auf etwa 2000 Jahre geschätzt. Mit heiligen Sprüchen bedruckte Gebetsfahnen erinnern an Buddha und schaffen eine positive Atmosphäre.

Hanuman Dhoka wird der gesamte Komplex um den alten Königspalast in Kathmandu bezeichnet. Hier ist das Zentrum der Altstadt. Das Innere vieler Tempel im Pagodenstil ist Wohnung der Götter und für Fremde nicht zugänglich.

Nur 35 Kilometer beträgt die Entfernung zwischen den Gipfeln der Annapurna und des Dhaulagiri. Dazwischen hat sich der Fluß Kali Gandaki mehr als 6000 Meter tief eingegraben und bildet somit das tiefste Tal der Erde. Hier in der Nähe von Tatopani, im Hintergrund die Nilgiris (7061 m).

DIE THAKALI

In seinen Siedlungsgebieten entlang der Durchbruchsschlucht des Flusses Kali Gandaki im Zentral-Himalaya hat es das tibetischstämmige Bergvolk bislang immer mit großem Geschick verstanden, sich ein zuweilen nicht nur bescheidenes Auskommen zu verschaffen.

Zwischen den nur 33 Kilometer auseinanderliegenden Achttausendern Annapurna und Dhaulagiri bahnt sich der Kali Gandaki in einer der gewaltigsten Schluchten der Erde seinen Weg durch den Hohen Himalaya. Auf weniger als 100 Kilometer hat sich der Fluß – von der Quelle bis zum Ausgang der Schlucht bei Pokhara – über 4000 Meter in die Tiefe gegraben. In diesem Übergangsraum von den Hochgebirgsregionen bis zum nepalischen Mittelland, Takkhola genannt, leben die Thakali.

Sie sind überwiegend Hochlandbewohner, haben aber – umgeben von anderen Volksgruppen und Stämmen – kulturell sehr viel von ihren Nachbarn übernommen. Sie unterliegen unterschiedlichen Klimaten und geschichtlichen Traditionen, kleiden sich oberhalb der eigentlichen Kali-Gandaki-Schlucht eher tibetisch, bewohnen dort die typischen Flachdachhäuser mit Innenhof und züchten Yaks, während sie in den tiefergelegenen Teilen der Takkhola den nepalischen Mittellandbewohnern gleichen. Wie andernorts im feuchteren Nepal wohnen sie dann unter den typischen Strohsatteldächern, die heute zunehmend mit Wellblech gedeckt werden.

Obwohl sie auch Landwirtschaft betreiben, ist der Handel für die Thakali immer bedeutender gewesen. Denn aufgrund der geographischen Verhältnisse bietet sich die Takkhola als Handelsverbindung zwischen Tibet, Nepal und Indien geradezu an. Die geschäftstüchtigen, cleveren Thakali verteilen sich punktuell entlang des ganzen Handelsweges vom Distrikt Mustang durch die Takkhola bis Pokhara im Mittelland. Ihr Hauptort, das rund tausend Einwohner große Tukuche, liegt direkt oberhalb des nördlichen Schluchteingangs und hatte sich schon früh zum Umschlagplatz im Träger- und Tragtierverkehr entwickelt. Und bis heute werden Handelswaren auf dem Rücken von Maultieren, Yaks, Schafen und Ziegen transportiert. Wegen ihres handelspolitisch günstig gelegenen Lebensraums konnten manche Thakali zu Großhändlern werden, die im 19. Jahrhundert sogar begannen, Niederlassungen in Tibet, Indien und Kathmandu zu gründen.

Jenseits der Takkhola hatten seit dem 14. Jahrhundert halbautonome Kleinfürstentümer bestanden, die aber 1790 von den Gurkha gewaltsam in ihr Königreich Nepal eingegliedert wurden. 1860 gelang es den Thakali, das Besteuerungsrecht der Handelskarawanen von der in Kathmandu herrschenden Dynastie übertragen zu bekommen. Nach einer im 20. Jahrhundert reformierten Stammesorganisation erlangte die in vier exogame Clans gegliederte Volksgruppe schließlich weitgehende Autonomie.

Längst haben sich die Thakali auf den starken Tourismus im Tal eingestellt, der ihnen als traditionelle Händler zusätzliche Einkünfte sichert.

Ihre wirtschaftliche Autarkie gewährleistet das Dighur-System: Eine Gruppe von Freunden oder Verwandten legt jeweils einen Betrag zusammen, den jedes Jahr ein anderes Mitglied der Gruppe zum Wirtschaften erhält. Verluste oder Gewinne sind allein dessen Angelegenheit, solange er jedes Jahr seinen Dighur-Beitrag leistet. Dieses »Fondssystem« wird beibehalten, bis jeder einmal seine Chance bekommen hat.

Der Jangrinismus, die autochthone Religion der Thakali, wurde in historischer Zeit vom Buddhismus verdrängt. Heute gewinnt der alte, auf die frühe Bön-Religion mit ihrer animistisch-schamanistischen Vorstellungswelt zurückgehende Glaube wieder an Boden, wohl weil er vor allem als Gegenpol zum immer stärker vertretenen Hinduismus betont wird. Der daraus resultierende Verfall auch der buddhistischen Tempel, die als Relikte tibetischen Kulturguts von vielen als rückständig angesehen werden, kann allenfalls dadurch aufgehalten werden, daß sie im Zuge des in der Takkhola aufgeblühten Trekking-Tourismus wieder vermehrt restauriert werden. Zum Brennpunkt religiöser Aktivitäten und Pilgerströme im zentralen Himalaya ist heute das 3600 Meter hoch gelegene Muktinath geworden, das von Kagbeni aus durch ein östliches Seitental des Kali Gandaki erreicht wird. Auf dem Weg zum Thorong-Paß gibt es reiche Fundstätten überwiegend jurassischer Ammoniten und anderer Fossilien und die schon seit frühester Zeit verehrten »Brennenden Wasser«. Dieser Begriff bezeichnet Erdgasflammen, die dicht über heißen Quellen aus der Erde treten und den Hindus als Ursprung des Kali oder Krishna Gandaki gelten. Hinduistische und buddhistische Tempelanlagen ziehen so jährlich Zigtausende von Pilgern und Touristen in den Lebensraum der Thakali.

Der Kailash (6656 m) oder Kang Rinpoche gilt als der heiligste Berg der Erde. Er wird verehrt von Hindus, Buddhisten und Bönpos.

Schälchen aus Blättern, gefüllt mit Blumen und Blüten, werden an Pilger verkauft. Für Hindus ist es der große Wunsch, einmal in ihrem Leben zu den Quellflüssen der heiligen Mutter Ganga zu pilgern.

Ein Balti aus Askole im Karakorum. In den Sommermonaten trägt er Lasten für Trekkinggruppen und Expeditionen. Der Lohn für diese Arbeit ist sein wichtigstes Einkommen.

Die Sherpa sind der bekannteste Volksstamm im Himalaya. Bei den meisten Expeditionen haben sie als Hochträger, als Begleiter oder als Köche hervorragende Arbeit geleistet.

Dieser Tibeter gehörte einer Pilgergruppe an, die nach Lhasa kam, um den heiligen Dschokhang (einer der ältesten und wichtigsten Tempel in Tibet) und andere Heiligtümer zu besuchen.

Hochlandes einrichteten, »entdeckten« Zentraltibet im 7. Jahrhundert weniger aus eigener Initiative als vielmehr dadurch, daß sie infolge der kriegerischen Ausdehnung des tibetischen Großkönigreichs mit dessen Reiterheeren Bekanntschaft machten. Sie erfuhren fortan mehr über das Dach der Welt als der Okzident, da sie Gesandtschaften mit Tibet austauschten und – im Zuge ihrer Heiratspolitik – chinesische Prinzessinnen mit großem Gefolge nach Lhasa sandten.

Die Berichte, die im Altertum nach Europa gelangten, erzählten nur sehr diffus und aus zweiter oder dritter Hand von einer exotischen, fast schon jenseitigen Welt. Herodot hatte im 5. Jahrhundert v. Chr. über ein wüstenhaftes »Baktyisches« Land nördlich von »Indike Hore« (Indien) geschrieben, wo Ameisen – ganz gemäß einer noch im 19. Jahrhundert tradierten ladakhischen Legende – die Erde zu Sandhaufen voller Gold aufschichteten, das die Bewohner aufsammelten.

Erst im späten Mittelalter entdeckten die Europäer das Dach der Welt wirklich unmittelbar. Zwar hatte Oderich von Pordenone bereits im 14. Jahrhundert von einer gewaltigen Gebirgsbarriere berichtet, die Indien von Zentralasien abschirmt, niemand indes vermag zu überprüfen, ob er sie je höchstpersönlich vor Augen gehabt hatte. Zu Anfang des 17. Jahrhunderts endlich stießen europäische Reisende im Auftrag Roms über die hohen Pässe ins Schneeland vor. Es waren vor allem Jesuiten- und Kapuzinermönche, die nach nestorianisch-christlichen Gemeinden suchten, die es angeblich in den unwegsamen Tälern gab, oder aber nach dem verborgenen Christenreich eines mythischen Priesterkönigs Johannes. Damals waren die Auswirkungen der Höhenkrankheit noch gänzlich unbekannt, so daß deren Folgen auf »mineralische Ausdünstungen« oder andere abstruse Ursachen zurückgeführt wurden. Nur mit verbundenen Augen sollen manche Reisende Hängebrücken überquert haben, berichteten die Mönche, damit sie vom Blick in die schwindelerregenden Abgründe verschont blieben.

CHRISTLICHE MISSIONARE

Als erste Europäer, die mit Sicherheit selbst die Gebirgsbarrieren des Himalaya nach Tibet überquerten, gelten die Missionare Antonio de Andrade und Manuel Marques. Sie gelangten 1624 nach Leh, in die Hauptstadt des einst zu Westtibet und heute zu Indien gehörenden Ladakh. Auf der Route über das südtibetische Chumbi-Tal, ein Gebirgsdurchlaß zwischen Sikkim und Bhutan, erreichten schon zwei Jahre später die Jesuitenpatres Stephen Cacella und John Cabral die Nordseite des Himalaya. Johann Grueber aus Österreich und der Belgier Albert d'Orville, ebenfalls Jesui-

Letzte Abendsonne auf der Nanda Devi. Mit 7816 Meter Höhe ist die göttliche Nanda Indiens höchster Berg. Für Hindus ist der Garhwal Himal, in dem sie liegt, besonders heilig, denn seit Jahrtausenden werden hier Berge, Flüsse und Seen verehrt.

ten, brachen 1661 von Peking auf, um den zwar langen, aber nicht immer schwierigen Weg vorbei am Salzsee Koko Nor nach Lhasa zu nehmen. Über den später nach Rom zurückgekehrten Grueber fanden erstmals präzisere Nachrichten über das Dach der Welt den Weg nach Europa. Seine Beschreibungen des Lamaismus, die tibetische Form des Buddhismus, des Klerus, der Mönchsorganisation und der Klosterhierarchie in Tibet legten nahe, daß er es hier mit einer entarteten Form seines eigenen Glaubens, der katholischen Lehre, zu tun haben könnte.

Bis zu Gruebers Reise war Tibet eine Domäne der jesuitischen Mission, die in den portugiesischen Kolonien Goa in Indien und Macau in China verhältnismäßig günstige Ausgangspunkte hatte. Wie ihre Glaubensbrüder aus Goa ein Jahrhundert früher, machte sich auch Ippolito Desideri 1714 mit Emmanuel Freyre über Kaschmir nach Lhasa auf. Er beschrieb den überwältigenden Eindruck bei der ersten Begegnung mit dem Himalaya in seinen Reisetagebuchaufzeichnungen zwischen 1712 und 1727 mit folgenden Worten: »Diese Berge sind wie übereinandergetürmte Treppenaufgänge. Der höchste Punkt heißt – nach einer von der Bevölkerung in hohen Ehren gehaltenen Schutzgottheit – Pir Panjal. Er ist sehr hoch, steil und schwierig, da er mehrere Monate lang tief verschneit ist, während das Eis in den Tälern, das in seiner Härte dem Marmor gleicht, niemals schmilzt. Eiskalte Wildbäche zerteilen diese Berge, so daß die Straße ständig hinauf- und hinabführt, was mich nicht störte; das ständige Waten durch die kalten Ströme jedoch war nicht nur etwas beunruhigend, sondern bescherte mir eine schlimme, neun Monate anhaltende Ruhr mit ständigen Blutverlusten. Ungeachtet der Höhe sind die steilen Hänge der Berge anmutig und erfreulich wegen ihrer Fülle an Früchten und der Zahl verschiedener Bäume und Pflanzen, die überall wachsen.« Wenige Jahre später, 1719, bekamen Desideri und sein Ordensbruder Konkurrenz von Kapuzinermönchen, denen Tibet von Rom als Missionsgebiet zugeteilt wurde. Desideri kehrte 1721 über den Kuti-Paß, nordöstlich von Kathmandu, nach Nepal zurück, doch schon 1745 mußten auch die in Gelehrtheit und toleranter Anpassung den Jesuiten nicht ebenbürtigen Kapuziner Lhasa wieder verlassen.

DER BRITISCHE VORSTOSS

In Indien hatten inzwischen die Engländer ihre Herrschaft gefestigt. Die britische Handelsgesellschaft, die Ostindische Kompanie, richtete im 18. Jahrhundert ihr

Mit 6542 Metern ist der Shivling keiner der ganz hohen Berge im Himalaya, aber einer der schönsten und eindrucksvollsten weltweit. Er ist dem Gott Shiva geweiht, der mit seinen zerstörerischen und schöpferischen Kräften den ewigen Kreislauf der Welt erhält.

Augenmerk vermehrt auf das im Norden der »Sitze der Götter« gelegene Hochland. Ihr Interesse bestand darin, englische Stoffe und indischen Tee gegen Gold, Silber, Borax und Wolle aus Tibet zu tauschen. In ihrem Auftrag konnten George Bogle und Alexander Hamilton im Jahr 1774 den Sikkim-Himalaya durchqueren und über das Chumbi-Tal zwischen Sikkim und Bhutan Tibets

Höhensturm in einem Hochlager am Trisul. Kälte in Verbindung mit Sturm zählt zu den großen Gefahren im Hochgebirge und sollte niemals unterschätzt werden.

zweitgrößte Stadt Shigatse erreichen. Dabei erkundeten die Briten den Sikkim-Himalaya und das ihnen bis dahin verborgen gebliebene Königreich Bhutan. Bogle, der Tibetisch lernte und eine adlige Tibeterin heiratete, entwickelte ein hohes Maß an Sympathie für die Kultur und Lebensumstände der Tibeter. Auf ihn geht auch die Einführung der Kartoffel auf dem Dach der Welt zurück. Im nepalischen Sherpa-Gebiet ermöglichte erst die Verbreitung dieser Knollenfrucht das dann einsetzende Bevölkerungswachstum.

Im Jahr 1783 mißlang unter Samuel Turner ein weiterer Versuch, die Heilige Stadt Lhasa zu erreichen, so daß die von William Kirkpatrick 1792 in Kathmandu eingerichtete Militärmission der vorerst größte erfolgreiche Schritt aufs Dach der Welt blieb. Als Nepal im Krieg von 1814 bis 1816 der Ostindischen Kompanie unterlag, festigten die Briten ihre Macht im Himalaya-Raum. Das in Bedrängnis geratene Nepal mußte den Kumaon-Himalaya im Westen seines Territoriums an die Briten abtreten, womit England seine Interessensphäre tief ins Gebirge hinein ausdehnen konnte. Außerdem wurde ihnen nun ein weiteres Eindringen nach Tibet erleichtert. Denn mit der Unterwerfung der Dogra-Fürsten im Punjab hatten die Briten die Herrschaft über Ladakh und den West-Himalaya an sich

gerissen und damit den Fuß in die südwestliche Eingangspforte zum tibetischen Hochland gestellt. Unter dem Vorwand, dort Schafe und Ziegen für die Produktion von Kaschmirwolle einkaufen zu wollen, reisten H. Hearsey und William Moorcroft ins südwesttibetische Ngari und erkundeten das obere Indus-Tal zwischen Himalaya und Transhimalaya. Insgesamt aber war britischen Kundschaftern auf dem Dach der Welt noch immer kein besonders großer Erfolg beschieden. Ihre Abenteuerlust mußten sie nicht selten mit dem Leben bezahlen. Tibet blieb den Europäern zwar im wesentlichen verschlossen, doch die Erforschung des zentralen und westlichen Himalaya kam voran.

Zwischen 1844 und 1846 gelangten Abbé Huc und Joseph Gabet als Chinesen verkleidet über das nordosttibetische Amdo nach Lhasa, wo sie mit Erlaubnis des Dalai Lama eine christliche Kapelle errichteten. Auf Drängen der Ambane, Beamte des chinesischen Hofs in Tibet, wurden die Patres jedoch des Landes verwiesen. Etwa um die gleiche Zeit, von 1848 bis 1849, betrieb der passionierte Biologe Joseph Dalton Hooker botanische Forschungen in Sikkim und Ostnepal, wo er Pflanzen sammelte und Bäume klassifizierte. Die Ergebnisse seiner minutiösen Kleinarbeit legte er in seinem berühmten »Himalayan Journal« nieder, das bis heute einen Ehrenplatz unter den Klassikern der Botanikliteratur innehat.

Hooker bekam als wohl erster Europäer den Kangchendzönga zu Gesicht und hielt ihn für den höchsten Gipfel der Welt. Als solchen sah Hermann Schlagintweit wiederum den Gaurisankar an, den er mit dem Mt. Everest verwechselte. Er und seine beiden Brüder erforschten, überwiegend privat vom Preußenkönig Wilhelm IV. finanziert, die vielfältigen Regionen des Dachs der Welt. Ihre ausgedehnten Forschungsreisen führten sie zwischen 1854 und 1858 durch Kaschmir und Ladakh über den Kumaon-Himalaya bis Sikkim. Jeden ihrer Schritte notierten sie, sie malten, zeichneten, fotografierten und nahmen die Körpermaße der Einheimischen auf. Als sie 1857 ihre Gesteinsproben, gepreßten Pflanzen, präparierten Tierbälge, Reisetagebücher mit Vermessungsergebnissen sowie Zeichnungen und Aquarelle nach Europa einschifften, waren dafür über 300 Kisten nötig. In ihren grundlegenden Arbeiten trugen sie wichtige geo- und ethnographische Erkenntnisse zusammen und brachten zudem das Wissen über Sprache und Schrift des Schneelandes voran. Nach ihrem gemeinsamen Unternehmen beabsichtigten sie auf getrennten Wegen in die Heimat zurückzureisen. Einer der Brüder, Adolph Schlagintweit, wollte auf dem Landweg reisen, wurde jedoch vom türkischen Herrscher Wali Khan in Kaschgar an der zentralasiatischen Seidenstraße als chinesischer Spion gehenkt.

Alle Aufnahmen dieser Doppelseite entstanden während einer Expedition zum Manaslu (8163 m) im zentralen Nepal. Der Berg zählt zu den technisch leichten Achttausendern. Während der sechs Wochen am Berg war das Wetter – wenige Tage ausgenommen – durchweg schlecht. Mehr als zehn Meter Schnee machten alle Chancen für eine Besteigung zunichte. Die Haupttätigkeit der Expeditionsteilnehmer in dieser Zeit bestand aus Spuren, Schneeschaufeln und Warten.

In einer Höhe von 6200 Metern muß eine Seraczone (Eistürme) durchstiegen werden, die den gefährlichsten Teil der Route ausmacht. In solchem Gelände kann es vorteilhaft sein, auf ein Seil zu verzichten und in großen Abständen zu gehen.

Der Nanga Parbat (8125 m) in Pakistan: Mit diesem Berg aufs engste verbunden war Dr. Karl Herrligkoffer aus München. Seit 1953 (Erstbesteigung durch Hermann Buhl) organisierte und leitete er immer wieder Expeditionen hierher. Mit 14 Bergsteigern aus Deutschland, Österreich und Südtirol kam er 1970 zur 4500 Meter hohen Rupalwand. Während dieser Expedition gelang es, die höchste Wand der Erde zu durchsteigen.

IM AUFTRAG DES EMPIRE

Wegen der zunehmenden Bedrängung durch Fremde knüpften die Tibeter Ende des 19. Jahrhunderts mit Hilfe mongolischer Glaubensbrüder Kontakte zu dem in Sibirien und Zentralasien expandierenden Rußland. Das Auftreten dieses Konkurrenten wiederum ließ der britischen Seite keine Ruhe. Das Empire hatte keinerlei Vorstellungen von den geographischen Verhältnissen und militärischen Vorstoßmöglichkeiten im jenseits der Himalaya-Hauptketten sich erstreckenden Hochland. Seine Kolonie Indien hingegen hatte es bis zu Beginn der sechziger Jahre vollständig vermessen und kartiert. Wachsenden Unmut erzeugte bei den Briten die bislang unbeantwortete Frage, ob es im Schneeland für fremde Armeen passierbare Übergänge gab. Nepal blieb Ausländern gleichfalls verschlossen. Lediglich zu Jagdgesellschaften wurden Vertreter der britischen Krone von den Rana-Herrschern ins Terai eingeladen. Daher bildeten die Engländer Inder und tibetischstämmige Bhotia als Kartographen aus, um sie anstelle der ständig aus Tibet ausgewiesenen Europäer zur Erforschung des Hochlandes auszuschicken: Das waren die berühmt gewordenen Pundits – von Hindi *pundit*, »gelehrtes Haus«, abgeleitet. Zwei Jahrzehnte lang – 1865 bis 1885 – durchmaßen diese als buddhistische Pilger verkleideten Spione im Auftrag des British Survey of India das verbotene Land.

Aufgrund seiner tibetologischen Studien darf der in Ostbengalen geborene Sarat Chandra Das wohl als berühmtester Pundit gelten. Zunächst als Ausbilder in Darjeeling tätig, brach er 1879 zum ersten Mal selbst ins Land jenseits der Göttersitze auf. Auf einer weiteren Reise 1881/82 erreichte er Lhasa, von wo er nach einem Abstecher ins Yarlung-Tsangpo-Tal, das tibetische »Tal der Könige«, über das südosttibetische Sakya nach Sikkim heimreiste. Seine tiefen Einsichten in die tibetische Kultur und die große Sorgfalt bei der Ausarbeitung seiner Forschungsergebnisse machten seine tibetkundlichen Arbeiten zur Grundlage für die sich damals entwickelnde Tibetologie.

Die Kenntnisse über das tibetische Hochland, den Himalaya und Karakorum erweiterten sich in zwei Jahrzehnten Landeserforschung durch die Pundits enorm. Ihr Verdienst war es, daß den Briten über das verschlossene Tibet bald mehr bekannt war als über den in ihrem Einflußbereich liegenden Ost-Himalaya. In den achtziger Jahren des letzten Jahrhunderts hatten sie dort lediglich den Nachweis erbracht, daß der tibetische Tsangpo der Oberlauf des Brahmaputra ist.

Die Forschungsreisen des Russen Petr Kusmitsch Koslow ins Schneeland hatten ab 1885 die militärischen Expeditionen der Briten unter Francis Younghusband

Dicht unter dem Gipfel des Yalung Ri im Rolwaling Himal (Nepal). Firngrate sind meist die schönsten Aufstiegswege auf Berge. Sie vermitteln ein Gefühl von Freiheit, bieten Aussicht nach mehreren Seiten, und die Gefahren sind oft geringer als in Wänden.

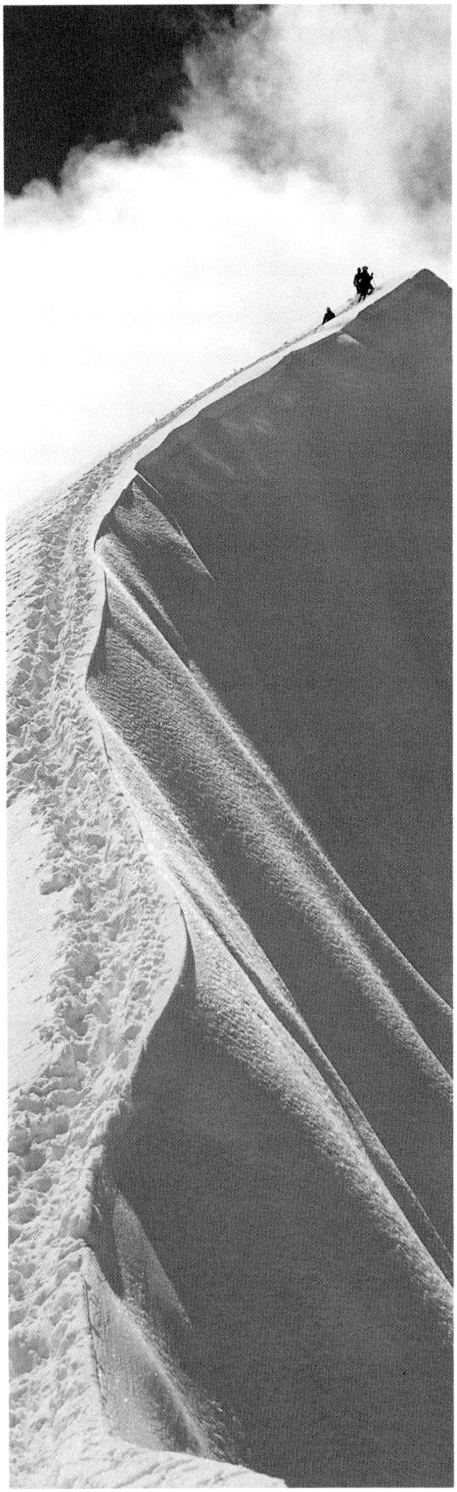

Die Oase Leh (3500 m): Das Bild vermittelt deutlich die Trennlinie zwischen bewässertem, kultiviertem Land und der unmittelbar angrenzenden Gesteinswüste. Die Straße führt nach Norden in die Ladakh-Kette und über den etwa 5500 Meter hohen Kardbung-Paß hinunter ins Shyoktal.

zur Folge. In diese Zeit fällt auch die beginnende bergsteigerische Erschließung des Dachs der Welt. Einige Expeditionen hatten allerdings mehr das Gold im Sinn, von dem Herodot und die bereits erwähnte ladakhische Legende berichten. In der Zeit von der Jahrhundertwende bis zum Ersten Weltkrieg wurden die letzten «weißen Flecken» auf der Karte des West-Himalaya

Es ist nicht selbstverständlich, daß alle Kinder die Möglichkeit haben, eine Schule zu besuchen. Oft fehlt den Eltern das Verständnis dafür, oder der Weg ist zu weit, oder die Kinder werden bei der Arbeit im Haus und auf den Feldern gebraucht.

getilgt. Die britischen «Campaigns» – kleinere Feldzüge – gegen die unruhigen Bergstämme forcierten dessen Erkundung. In Gilgit und Chitral wurden «Political Agents» eingesetzt, die für «Ruhe und Ordnung» unter den Stämmen der Gebirgsregionen des Hindukusch, Karakorum und West-Himalaya sorgten. Noch heute wird Touristen im südlichen Swat-Tal ein Gebäude gezeigt, das «Churchill Piquet», in das sich der junge Offizier Winston Churchill allabendlich zurückgezogen haben soll, um sich dort in seiner Verzweiflung ob der ständigen Überfälle auf seine Mannen einen Rausch anzutrinken. Bis in die zwanziger Jahre unseres Jahrhunderts führten die Briten über 70 solcher militärischer «Campaigns» durch. Damit hatten sie schließlich die «North-West Frontier Province» militärisch im Griff.

Die endlosen Weiten auf der Nordseite des Himalaya – von Turkestan über das Kunlun-Gebirge bis zur lebensfeindlichen «Nördlichen Ebene» Tibets, des Changthang – erforschte der Schwede Sven Hedin. Seine fesselnd geschriebenen Berichte vom Hochland gehören zu den ergiebigsten Fundstellen für Informationen über die menschenleeren Gebiete Nordtibets. Er war es, der den Gebirgsketten, die das Yarlung-Tsangpo-Tal vom Changthang trennen, die bis heute geläufige Bezeichnung Transhimalaya gab und die Wis-

Blick vom Namgyal-Hügel hinunter ins obere Indus-Tal; dahinter im Süden die Himalaya-Kette mit der Stok-Gruppe. Rechts im Bild einige Häuser und Felder von Leh, der Hauptstadt von Ladakh. Leh war über Jahrhunderte einer der wichtigen Handelsplätze in Innerasien. Im Vordergrund flattern Gebetsfahnen im Wind.

senslücken über den wenig bekannten Westteil des Dachs der Welt schloß. Sein größter Wunsch – Lhasa, die »Stadt der Götter«, zu sehen – ist ihm indes nie in Erfüllung gegangen. Wie viele andere vor ihm scheiterte auch er nur wenige Tagesmärsche vor den Toren Lhasas. Die heilige Stadt der Buddhisten blieb weiterhin jenseits seines Horizonts.

Als Autorität in tibetischen Angelegenheiten des gesamten Raums ist der Tibetologe Giuseppe Tucci anzusehen. Jahrzehntelang reiste er in die verschiedensten Winkel des Hochlandes und in abgelegene Hochtäler des Himalaya und erarbeitete dabei ein außergewöhnlich detailliertes Mosaik der buddhistisch-lamaistischen Kunst und tibetischen Geschichte selbst kleinerer Himalaya-Reiche. Die Frucht seiner intensiven, lebenslangen Auseinandersetzung mit der Kultur im Schneeland war schließlich sein Übertritt zum buddhistischen Glauben.

Einer der größten Erforscher der ethnischen und ökonomischen Strukturen in der Gebirgswelt des Himalaya ist der Völkerkundler Christoph von Fürer-Haimendorf. Er gehört zu den wenigen, die das ansonsten unbeschriebene Blatt des heutigen indischen Bundesstaats Arunachal Pradesh im Ost-Himalaya mehr als nur skizzenhaft aufgefüllt haben. Bis heute, hundert Jahre nach der fast vollständigen Erkundung des West-Himalaya, ist über die Völker und Landschaftsgestalt der östlichsten Himalaya-Regionen immer noch wenig bekannt. Sollte es noch versteckte Reiche und Welten geben, so sind sie gewiß dort zu finden, von den grünen Dschungeln und weißen Gipfeln des »Landes der aufgehenden Sonne«, Arunachal Pradesh, umrahmt.

Junge aus dem Hochtal von Padum in Zanskar. Bedingt durch die große Abgeschiedenheit leben die Zanskari fast autark. Neben Getreide- und Gemüseanbau gehören auch Yaks, Schafe, Ziegen und Pferde zur bescheidenen Lebensgrundlage.

Noch vor wenigen Jahren war man drei bis vier Tage unterwegs, um vom Karakorum Highway die Ortschaft Shimshal (etwa 1000 Einwohner) zu erreichen. Die schwierigste Stelle auf dem Weg dorthin war die Querung des Flusses an diesem Drahtseil. Die Shimshali sind allerdings dabei, eine Straße zu bauen.

Das Flußbett des Shyok, einem der großen Flüsse im Karakorum, ist bei der Siedlung Khapalu so breit, daß eine Querung nur mit Boot oder solch einem Floß möglich ist. Zu den Ziegenbälgen haben die Flößer noch einige Autoreifen hinzugebunden.

Wohl kaum irgendwo sonst gibt es so schwierige und gefährliche Wege wie im Karakorum. Hauptsächlich sind es die Flüsse und Bäche, die manchmal innerhalb weniger Stunden so anschwellen, daß ein Weiterkommen nicht möglich ist.

HIMMELSSTÜRMER

In den Anfängen des Alpinismus stellten die höchsten Alpengipfel Herausforderungen dar, denen die Mondflüge unseres Jahrhunderts gleichzusetzen sind. Um wieviel unerreichbarer mußte den Menschen die Bezwingung der Himalaya- und Karakorum-Riesen erscheinen! In steter Kleinarbeit waren Forscher und Entdecker gezwungen, sich erst einmal an die Gletscherriesen heranzuarbeiten. Nicht selten vereitelte die Erschöpfung des Anmarsches größere Erfolge. Mit fortschreitender Technik und wachsender Erfahrung konnten jedoch schon bald größere Höhen in Angriff genommen werden. Das Überschreiten der 6000- und der 8000-Meter-Höhenlinien gehörte wie die letztliche Eroberung der Achttausender noch zu den großen herausragenden Leistungen weniger Einzelner, die von vielen Menschen voller Spannung verfolgt wurden, selbst von jenen, die sonst wenig Verständnis für das Extrembergsteigen hatten. Die Bezwingung der Berggipfel ohne Sauerstoffmaske, die Besteigung aller Achttausender nacheinander und andere, mehr auf die Schwierigkeiten des Bergsteigens abzielende sportliche Herausforderungen scheinen bereits erheblich weniger Menschen in ihren Bann zu ziehen.

Extrem-Bergsteigen ist fast schon zur Freizeitbeschäftigung für viele geworden, die aus dem unerträglich werdenden Alltag unserer hektischen Zivilisation ausbrechen und das unvergleichliche Erlebnis in der mystischen Bergwelt, den Sitzen des Schnees und der Götter, suchen. Heutzutage kommen Extrem-Bergsteiger aus allen Teilen der Welt. Die höchsten Gipfel der Erde sind selbst vor Alpinisten aus Ländern, deren Berge keine 2000 Meter erreichen, nicht mehr sicher. In den Basislagern treffen sich Trekking-Touristen mit Profibergsteigern aus Österreich, Frankreich und Italien. »Mountaineers« aus Großbritannien und Polen erwarten in den Lagern den Augenblick, in dem die Wetterbedingungen den Gipfelaufstieg aussichtsreich machen. Man übt daheim in den steilen Felsenbergen des Sorak San in Korea, in den Bergen Japans oder Indiens. Das Dach der Welt ist voll geworden, so voll, daß für die Besteigung der Allerhöchsten lange Wartelisten bestehen. Der Mt. Everest, dessen Gipfel 1988 von einer 250 Bergsteiger aus Japan, Nepal und China umfassenden Massenexpedition anvisiert wurde, ist auf Jahre hinaus ausgebucht! Bergsteiger und Touristen sind die »Entdecker von heute«. Doch was entdecken sie? Leider sind viele nur auf der Suche nach sich selbst und verpassen oft die Schönheiten, die auf ihrem Weg liegen. Die Extreme, die das Dach der Welt bietet, dürften freilich mehr als andere Regionen der Welt dazu angetan sein, den eigenen Horizont zu erweitern.

Rechts unten im Bild ist zu erkennen, daß der Bualtar-Gletscher (Hunzaland) weit zurückgegangen ist. Mit der fatalen Folge, daß die Hänge links abbrechen und somit bereits einige Felder der Siedlung Hopar vernichtet wurden. Im Hintergrund die Batura-Kette.

Altit im Hunzaland mit seiner alten Burg. Dicht darunter ein Aprikosenhain. Über Generationen hinweg wurden die Felder in mühevoller Arbeit der menschenfeindlichen Umgebung abgerungen und bearbeitet. Die Bewässerung wird mit Hilfe von künstlich geschaffenen Kanälen sichergestellt.

Die Trango-Türme (etwa 6260 m) im Karakorum zählen zu den eindrucksvollsten Felsmassiven weltweit. Ganz rechts der Nameless Tower.

HIMALAYA-VÖLKER IM AUFBRUCH

Der Reiz der Gebirgswelt liegt für uns in ihrer Abgeschiedenheit und einzigartigen »Zivilisationsferne«. So beständig sich die Legende vom »Shangri La« auf dem Dach der Welt gehalten hat (mit der geringfügigen Variation, daß die Abendländer dieses irdische Paradies nacheinander in Tibet, Ladakh, Bhutan und Mustang vermuteten) – die Vorstellung, diese Gebirgswelt sei noch immer abgeschieden, liegt inzwischen ebenso nah an der Legende wie an der Wahrheit.

Zeltlager einer Trekking-Gruppe auf dem Baltoro-Gletscher. Vor 30 Jahren hätte wohl niemand daran geglaubt, daß einmal »normale Bürgersleut« hier oben in einer absolut menschenfeindlichen Welt über die Gletscher wandern werden.

Freilich befinden sich viele Dörfer und Bauernhöfe abgelegen in den Bergen des Himalaya und sind nur nach tagelangen Fußmärschen erreichbar. Dennoch haben moderne Infrastruktur und Telekommunikation vor den schwierig zu erreichenden Bergregionen nicht haltgemacht. Es ist heutzutage gut möglich, nach beschwerlichen Trekking-Tagen am Ziel anzulangen, um dann eine Touristengruppe ihrem Charterflugzeug entsteigen zu sehen. In manchen Teilen des Dachs der Welt – etwa in Kaschmir – machen Hubschrauber das Heli-Skiing populär. Wenn im Winter die Pässe nach Ladakh geschlossen sind, kann man in der ladakhischen Hauptstadt Leh in einen Streik der Einheimischen geraten, die dagegen protestieren, daß die indische Fluggesellschaft ihren Flugplan zusammengestrichen hat. In dieser Zeit nämlich sind die Händler besonders auf die Flugverbindungen angewiesen, die durchaus nicht von Touristen allein genutzt werden.

Darüber hinaus werden die Straßen immer weiter in die Berge hineingetrieben, die sich mit Erdrutschen für die Verletzung ihrer steilen Hänge bedanken. Trotz der besseren verkehrstechnischen und wirtschaftlichen Erschließung abgelegener Gebiete erhöht sich der Bevölkerungsdruck in den Ballungszentren des Mittellandes, denn die Menschen der höheren Bergregionen wandern aus wirtschaftlichen Gründen zunehmend ab. Selbst eine stagnierende Bevölkerungszahl würde die Belastung der Umwelt steigern, weil der Kontakt mit westlichen Industriegesellschaften und die daraus folgende wirtschaftliche Entwicklung neue Bedürfnisse weckt und damit Konsum und Ressourcenverbrauch angekurbelt werden. Die Bevölkerungsentwicklung der letzten Jahrzehnte in den Himalaya-Staaten bedeutet allein schon eine Belastung über Gebühr für die Bergwelt. Abholzung und Erosionsprobleme, Verstädterung und Umweltverschmutzung haben bedrohliche Ausmaße angenommen. Der Tourismus trägt kräftig zu den Umweltproblemen bei. Immer wieder ist das Schlagwort von der »Vermüllung der Berge« zu hören, und wenn die Touristen in mancher Region – wie auf dem Jomosom-Trek im Annapurna-Gebiet – so zahlreich sind wie die Einheimischen, hat das ökologische Gleichgewicht zwangsläufig zu leiden.

Die ökonomischen Schwierigkeiten, die die hohe Geburtenrate und die veränderten wirtschaftlichen Rahmenbedingungen dem Dach der Welt bescheren, beeinflussen in zunehmendem Maß das soziale und demographische Gefüge. Vielerorts im Himalaya ist zwar die Abholzung der Wälder und die Ausweitung der Ackerflächen zum Stillstand gekommen, doch wegen der Landflucht verwahrlosen nun Feldterrassenanlagen, welche die steil abfallenden Hänge stabilisierten. Ohne natürliche Vegetation wie Bäume und ohne Bewirtschaftung jedoch wächst die Gefahr von Erdrutschen. In den Bergdörfern begegnet man im Winter oft nur Alten und Kindern, da ein großer Teil der Bewohner nach Indien oder Kathmandu aufgebrochen ist. Dort treiben sie Handel, um ihr kärgliches Einkommen aus der Landwirtschaft aufzubessern.

Die saisonal leeren Dörfer machen in der Hauptreisezeit einen sehr belebten Eindruck, weil der Trekking-Tourismus dann ausreichend Einkünfte sichert. Der Preis hierfür ist allerdings, daß die Himalaya-Völker einem zunehmenden Akkulturationsdruck ausgesetzt sind. Gerade in den Touristenzentren wie Pokhara lassen sich beispielsweise Inder nieder, die es einfacher finden, hier zu überleben als in ihrer eigenen Heimat. Die zahllosen Europäer und Amerikaner in Kathmandu,

Ein Paradies für extreme Kletterer: Hier im Karakorum gibt es noch viel Neuland – Grate, Pfeiler und bis zu 2000 Meter hohe Wände aus kompaktem Granit. Links im Bild die Trango-Türme (etwa 6260 m) und nach rechts anschließend die Kathedralen.

Mehr als ein Dutzend Seitengletscher nimmt der 58 Kilometer lange Baltoro auf. Die meisten sind mit Gesteinsschutt bedeckt, nur wenige schieben reines Eis auf den Hauptstrom. Hinten die wuchtige Gestalt des Broad Peak (8047 m).

Blick vom Godwin-Austen-Gletscher zur Chogolisa-Gruppe (7654 m) links und zum Mitre Peak rechts. In der Bildmitte Concordia.

Menschlicher Wahnsinn im Karakorum: Pferde transportieren Brennstoff, Verpflegung und Kriegsmaterial über den Abruzzi-Gletscher in hochgelegene Militärlager (5600 m) der pakistanischen Armee. Auf der anderen Seite des Grenzkamms die indische Armee und derselbe Wahnsinn.

die in vielen Fällen ernsthaft versuchen, zur Lösung der landesspezifischen Probleme beizutragen, sollen an dieser Stelle nicht unerwähnt bleiben.

Die ethnische Durchmischung ermöglicht einerseits ein besseres gegenseitiges Kennenlernen der verschiedenen Völkerschaften, andererseits verwischt sie aber auch die kulturellen Unterschiede. Der Fall der Thakali, deren Lebensraum vom nepalischen Mittelland bis in die tibetisch besiedelten Hochtäler reicht, zeigt dies besonders deutlich (siehe Seite 29). Die Furcht vor dem Verlust der ethnischen Identität ist daher nicht unberechtigt. In Bhutan ist diese Angst sogar so groß, daß die gegen Ende des 19. Jahrhunderts ins Land gerufenen Nepali durch repressive Maßnahmen aus dem Land getrieben werden. Vieldiskutiert ist auch die Überfremdung Tibets, wo in der Hauptstadt Lhasa die Tibeter gegenüber den Chinesen eklatant in der Minderzahl sind. Ein ähnliches Problem ist im West-Himalaya entstanden, seit die politischen Auseinandersetzungen im Kaschmir-Tal viele Kaschmiri veranlaßten, sich in Ladakh niederzulassen.

Die Bewahrung der kulturellen Eigenheiten der verschiedenen Teilräume sollte eigentlich Aufgabe der Politik sein. Häufig ist allerdings zu beobachten, daß – aufgrund der ethnischen Zersplitterung des Dachs der Welt – eher eine Nationalstaatspolitik verfolgt und die nationale Komponente auf Kosten der ethnischen Identität gefördert wird. Unterschiede ergeben sich von Land zu Land. Im riesigen Vielvölkerstaat Indien mit seinen beträchtlichen Minderheitengruppen werden Sprachen, Schriften und Rechte eher respektiert als im kleineren Nepal, wo Splittergruppen wie die Bhotia in Dolpo und Mustang oder die Sherpa über keine Lobby verfügen, die ihre Interessen vertritt. Von ethnischer Herkunft Tibeter, können die meisten von ihnen nur Tibetisch sprechen, aber nicht schreiben; ihre zur Schule gehenden Kinder müssen jedoch des Nepali mächtig sein. Dieses soziale Problem wird im chinesisch besetzten Tibet – sieht man von anderen großen Problemen ab – seit dem Ende der Kulturrevolution zumindest auf dem Land etwas liberaler gehandhabt.

Es bleibt also abzuwarten, ob die Völker im Himalaya, Karakorum, in Tibet und anderen Teilen der Region über ausreichend wirtschaftliche Mittel verfügen, das empfindliche ökologische Gefüge ihrer Bergwelt zu schützen, und ob sie die Kraft haben, ihre kulturelle Vielfalt zu bewahren. Wir – die wir die Begegnung mit unserem eigenen Horizont dort zu suchen aufgebrochen sind – dürfen ihnen hierfür unseren Beistand, sofern gewünscht, nicht versagen.

Die geheimnisvolle Welt der Gletscher und des Eises ist immer wieder faszinierend. Nicht weit vom Lagerplatz entfernt, entdeckt der Bergsteiger diese Spalte mit den meterlangen Eiszapfen.

Im Vordergrund der Abruzzi-Gletscher in einer Höhe von 5100 Metern. Links der Bildmitte der Gasherbrum I oder auch Hidden Peak (8068 m) genannt.

WAS ZÄHLT IM HIMALAYA UND KARAKORUM

MASSE UND ZAHLEN AUF EINEN BLICK

ZEIT

Die Zeitdifferenz zu Mitteleuropa beträgt für die Länder, die Anteil am Dach der Welt haben: MEZ plus 4 Stunden (in Pakistan), MEZ plus 4.30 Stunden (in Indien), MEZ plus 4.45 Stunden (in Nepal und Bhutan), MEZ plus 7 Stunden (in Tibet).

MASSE UND GEWICHTE

Neben dem britischen (vor allem in Indien noch in Gebrauch) wird zunehmend auch das metrische System benutzt. In ländlichen Gebieten sind weiterhin traditionelle Maße und Gewichte üblich, die von Region zu Region unterschiedlich sind.

ELEKTRIZITÄT

Die Stromspannung beträgt in der Regel 220 Volt. Da ländliche Regionen aber häufig noch nicht an das Stromnetz angeschlossen sind und Stromausfälle immer wieder auftreten, sollte man neben Adaptern für Steckdosen auch Kerzen, Feuerzeug, Taschenlampe und einen genügend großen Vorrat an Batterien mitführen.

GELD UND ZAHLUNGSMITTEL

Folgende Währungen sind auf dem Dach der Welt in Gebrauch: Rupie (in Pakistan, Indien und Nepal, wobei der jeweilige Wechselkurs differiert); Ngultrum (in Bhutan, ist im Wert an die indische Rupie gebunden); Yuan (in Tibet), der in Form von Renminbi im Umlauf ist (1 Yuan = 10 Jiao = 100 Fen). Gebräuchlichste Devisen sind auf dem Dach der Welt US-$, aber auch europäische Währung kann in größeren Städten und wichtigen Zentren meist problemlos getauscht werden.

DIE 14 ACHTTAUSENDER – DIE HÖCHSTEN GIPFEL DER WELT:

Mt. Everest (Chomolangma)	Nepal/Tibet	8848 m
K 2 (Chogori)	Pakistan/China	8611 m
Kangchendzönga	Indien/Nepal	8598 m
Lhotse	Nepal/Tibet	8516 m
Makalu	Nepal/Tibet	8463 m
Cho Oyu	Nepal/Tibet	8201 m
Dhaulagiri	Nepal	8167 m
Manaslu	Nepal	8163 m
Nanga Parbat	Pakistan	8125 m
Annapurna	Nepal	8091 m
Gasherbrum I (Hidden Peak)	Pakistan/China	8068 m
Broad Peak	Pakistan/China	8047 m
Shisha Pangma (Gosainthan)	Tibet	8046 m
Gasherbrum II	Pakistan/China	8035 m

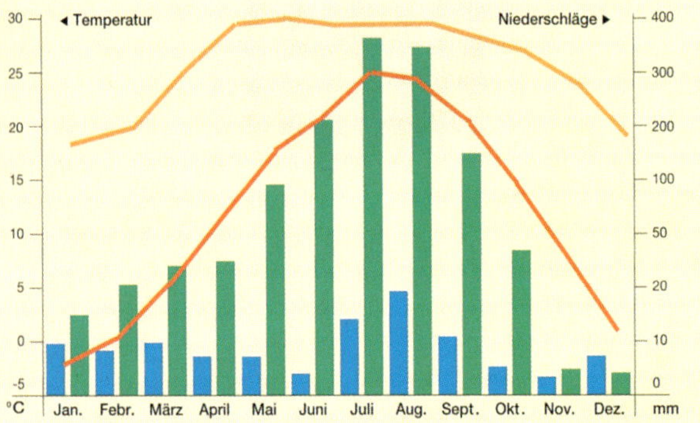

Durchschnittl. Tageshöchsttemperaturen (°C): Leh, Kathmandu
Durchschnittliche Niederschläge (mm): Leh, Kathmandu

Maultierkarawane unterhalb des Ghorepani-Passes im zentralen Nepal. Sie bringt unterschiedliche Güter ins Kali-Gandaki-Tal und weiter in einige Täler des Inneren Himalaya. In wenigen Jahren wird es diese Karawanen wohl kaum noch geben – die Straße ist bis nach Tibet geplant.

Über einen schmalen Gratrücken bewegt sich eine kleine Yakkarawane in Richtung Shimshal-Paß auf der Nordseite des Karakorum. Bis zu den grünen Weideflächen des Pamir sind es noch drei Tagesmärsche in teilweise extrem schwierigem Gelände.

Ein junger Bhutaner aus dem Paro-Tal. Obwohl die meisten Bhutaner noch ihre Tracht tragen, ist hauptsächlich bei jungen Leuten in den größeren Orten der westliche Einfluß nicht mehr aufzuhalten: Bluejeans und Coca Cola sind in.

YAK UND DZO

Das Wunderrind aus Tibet

Widerstandsfähig und genügsam ist der Yak und perfekt an die Lebensbedingungen in großen Höhen angepaßt. Er ermöglicht den Menschen das Überleben in den Hochlagen des Himalaya.

Vielerorts im Himalaya genügt der Ackerbau nicht, um die bäuerliche Bevölkerung zu ernähren. Daher ergänzen Viehzucht und Weidewirtschaft den Lebensunterhalt. Im gebirgigen Mittelland des Zentral-Himalaya – den Ausläufern der Himalaya-Hochgebirgsregionen mit Höhen bis 4000 Metern –, im äußerst trockenen West-Himalaya sowie im Karakorum sind es vor allem Ziegen und Schafe, gelegentlich auch Kühe, welche zur Ernährung der Menschen beitragen. Die Hirtennomaden der Hochsiedlungsgebiete – etwa in der westnepalischen Trockenzone nördlich des Himalaya-Hauptkamms oder der nordtibetischen Hochebene – sind für ihren Lebensunterhalt auf den Yak angewiesen, dessen »Rundum-Nutzung« ihn wahrhaft als ein Wunderrind erscheinen läßt.

Der domestizierte »tibetische Grunzochse« ist mit seinem langen, zottigen Fell ein urwüchsiges, sehr wild aussehendes Rind, das optimal an ein Leben in großen Höhen angepaßt ist. Auf dem nordtibetischen Hochland etwa weiden Yaks noch bis weit über 5000 Meter ü. M., während ein Leben unter 3000 Metern für sie auf Dauer unerträglich ist. Sie dienen den tibetischen Stämmen nicht nur als Last- und Reittiere, sondern auch als vielfältige Nahrungs- und Lebensgrundlage. Außer vom Yakfleisch und von der Yakwolle leben die Hirten vor allem von der Milch, die zu Butter, einem harten Trockenkäse und zu Joghurt verarbeitet wird. »Yakmilch« ist eigentlich ein absurder Begriff, da die Tibeter mit Yak das männliche Tier bezeichnen, während das weibliche Dri genannt wird (Nak in manchen Teilen des Himalaya). Das Hochlandrind gibt nur wenig Milch, die jedoch sehr fetthaltig ist und somit die Widerstandsfähigkeit der Kälber stärkt. In klimatisch günstigeren Tallagen haben die Bauern eine Kreuzung aus Yak und gewöhnlichem Rind gezüchtet: die Dzo. Dzomo, die weiblichen Tiere, sind in der Milch ergiebiger als Dri.

Die zottigen Langhaare werden den Yaks einfach ausgezupft; die Männer verspinnen sie erst zu Fäden, welche die Frauen dann zu Decken und etwa 35 Zentimeter breiten Zeltbahnen verweben. Aus diesen Bahnen entstehen die großen, schwarzbraunen Zelte, in denen die Nomaden in den Hochregionen vom Himalaya bis ins nordosttibetische Amdo leben. Doch nicht nur durch ihre Wolle schützen die Yaks ihre Besitzer vor Kälte, sondern auch durch ihren Dung. Häufig sind Frauen und Kinder zu sehen, die den Yakmist einsammeln; dieser wird dann an Häuserwänden getrocknet und schließlich im lehmgemauerten Herd zum Heizen und Kochen verfeuert.

Aus der Haut des Yak fertigen Tibeter und Bhotia allerhand Hausrat: Stiefelsohlen, Gurte, Zaumzeug, Säcke und Beutel, auch leichte Lederboote, die ein Dutzend Menschen über Flüsse und Seen transportieren können, und nicht zuletzt wird die Haut sogar zu Zeltstangen verarbeitet. Reich verziert dienen Yakhörner als Schnapsbehälter oder – feiner verarbeitet – als Schnupftabakdosen.

Gurung-Frau am Webstuhl (oben). Eine Nak gibt zwei bis vier Liter Milch pro Tag (unten).

Halbwilde Yakherde in einem Hochtal unter der Chomolhari in Bhutan.

Nach wie vor sind Yaks und Jhopas (eine Kreuzung von Yak und Rind; im Bild) unentbehrliche Helfer der in den Hochregionen lebenden Sherpas.

Bedrohlich und doch verlockend zeigt sich den Bergsteigern vom Basislager aus durch ein Wolkenloch die Kette der Annapurnas.

NEPAL

Fotos und Text von Hans-J. Aubert

Gebetsfahnen, Manisteine und Schreine geleiten den Wanderer oberhalb Pengboches zum markanten Ama Dablam und zur fernen Kette des Lhotse-Massivs.

NEPAL – AN DER GRENZE ZWISCHEN HIMMEL UND ERDE

Liebevoll bemalte Fahrradrikschas gehören in Kathmandu zum Stadtbild.

«Die Berge waren ehemals geflügelt wie die großen Vögel. Sie flogen umher und ließen sich nieder, wo es ihnen gefiel. Da sie hierbei aber gelegentlich dicht beieinander saßen, schwankte die Erde oft hin und her. Deshalb schnitt ihnen Indra die Flügel ab und machte dadurch die Erde fest. Die Flügel aber wurden zu Wolken, weshalb sie immer zu den Bergen hinziehen.» (Indische Legende, 6. Jahrhundert)

Eines ist unbestritten – ohne den Himalaya gäbe es Nepal nicht. Eingezwängt zwischen die riesigen Länder China und Indien verdankt das nur 140 000 Quadratkilometer große Königreich seine Existenz allein seiner unwirtlichen Geographie, die über Jahrhunderte einen natürlichen Schutz gegen Eindringlinge geboten hat.

Den Himalaya mit der so profanen Bezeichnung «Gebirge» zu belegen, ihn anderen Bergregionen wie den Alpen, den Rocky Mountains oder den Anden an die Seite zu stellen, hieße sich mit dem kühlen wissenschaftlichen Blick des Geologen zu begnügen und die wohl gewaltigste Urlandschaft unseres Planeten als eine bloße Anhäufung aus kristallinem Gestein, Basalten und Sedimenten zu betrachten, überkrustet mit Schnee und Eis, zerfurcht von Tälern und Schluchten, erschüttert von tektonischen Beben in der Tiefe.

Weit mehr aber verbirgt sich hinter diesem größten Gebirgsmassiv der Erde. Es verkörpert die dritte Dimension schlechthin, die Nahtstelle zwischen Himmel und Erde, Berührungspunkt zwischen Göttern und Menschen, Manifestation des Universums und der von ihm ausgehenden magischen Kräfte.

Greifbar nahe scheint hier an der Grenze zum Weltall, wo die Sterne nachts den Berghorizont berühren, das legendenumwobene mythische Königreich «Shambala», das «versteckte Tal» tibetischer Überlieferung, aus dem in den Zeiten der Not die Erretter der Menschheit kommen sollen.

Auch mancher Europäer, der seinen Fuß auf dieses Stück asiatische Erde setzte, hegt fortan kaum mehr Zweifel daran, daß sich das Tor zu einer anderen Welt – sollte es existieren – dem Erwählten hier oben irgendwo zwischen den Schneeriesen auftut und man sich dem Paradies im Himalaya näher fühlen darf als irgendwo sonst auf der Welt.

Nicht nur Bergsteiger wie Sir Edmund Hillary, zusammen mit dem Sherpa Tensing Norgay Erstbesteiger des Everest, Reinhold Messner, der «Sammler der Achttausender» oder der Gipfelstürmer Herbert Tichy, sind oder waren dem mächtigsten Gebirge der Welt verfallen, auch so mancher einfache Tourist ohne Sehnsucht nach der «Todeszone» in über 7000 Meter Höhe erliegt dem einzigartigen Zauber.

«Die Schneegipfel, mehr noch als das Meer oder der Himmel, halten uns einen klaren Spiegel vor, in dem sich unser wahres Sein zeigt, völlige Stille, völlige Klarheit, ein Nichts, eine Leere ohne Leben und Klang, die doch

Die Löwen vor dem Shiva-Tempel am Durbar-Platz in Kathmandu haben wohl auch ein wachsames Auge auf die Marktstände zu ihren Füßen.

Meisterwerke der Holzarchitektur am aufwendig restaurierten Durbar-Platz von Patan. Die Gebäude entstanden im 17. und 18. Jahrhundert, während der Herrschaft der Malla.

alles Leben und alle Klänge in sich birgt. Aber solange mein ‹Ich› sich der Leere bewußt bleibt und außerhalb von ihr steht, liegt Schneestaub auf dem Spiegel.» (Peter Matthiessen, *Auf der Spur des Schneeleoparden*, 1980)

KOLLISION DER KONTINENTE

Kehren wir aber zurück zum Profanen, zu den Sedimenten, Konglomeraten und Basalten der sicht- und begreifbaren äußeren Erscheinung dieses riesigen tertiären Faltengebirges.

Vom Pamirknoten schwingt sich der Gebirgszug über eine Länge von 2500 Kilometern in einem weiten Bogen nach Südosten, begrenzt von Nanga Parbat im Nordwesten und Namcha Barwa im Südosten. Mehrere Ketten reihen sich aneinander, verlaufen parallel auf einer Breite von 280 Kilometern und schieben sich wie eine Barriere zwischen die Hochländer Zentralasiens und den Indischen Subkontinent.

Geologisch gesehen ist der Himalaya das Ergebnis einer gewaltigen Kollision. Vor gut 150 Millionen Jahren löste sich die «indische Scholle» vom großen Südkontinent, der Afrika, Australien und Südamerika umfaßte, und driftete, von noch ungeklärten Kräften im Erdinnern bewegt, nach Norden, bis sie vor ungefähr 40 Millionen Jahren auf den asiatischen Urkontinent stieß. Titanische Kräfte zerrissen, stauchten, schichteten und falteten die Krusten. Ein Teil versank in glühender Magmatiefe, ein Teil formte sich zu Gebirgen, höher als die Welt sie bisher gesehen hatte. Der Boden des Tethysmeers, das sich einst zwischen Ur-Asien und dem herantreibenden Subkontinent ausdehnte, wurde in schwindelnde Höhen gehoben und bezeugt im oberen Kali-Gandaki-Tal Nepals mit versteinertem Meeresgetier seine maritime Herkunft bis auf den heutigen Tag.

Die Landmassen sind seit Jahrmillionen ineinander verkeilt, aber zur Ruhe kommen sie noch immer nicht. Der Kampf in der Tiefe tobt weiter, läßt das Gebirge Millimeter um Millimeter anwachsen, baut Spannungen auf, die sich bis heute immer wieder in verheerenden Erdbeben entladen.

Aufgrund des von Süden erfolgten Zusammenpralls ist zwar die quer dazu verlaufende Hauptfaltenrichtung als klar erkennbare Grundstruktur vorgegeben, offenbart sich aber bei näherer Betrachtung als ein außergewöhnlich vielschichtiges Gebilde, als ein Mosaik immer wieder begeisternder Vielfalt aus Formen und Farben. Düstere, furchterregende Schluchtentiefe wechselt mit der Transparenz schneeumwehter Grate, leblose Steinwüsten grenzen an zartgrüne Täler voller Vogelstim-

Der scheinbar mit der Erde verwachsene Pagodentempel am Nyatapola Tole in Bhaktapur ist der populären Gottheit Bhairava geweiht und spielt im religiösen Leben der Stadt eine bedeutende Rolle.

men. Schweigende Gletscherseen liegen eingebettet in Talmulden, rauschende Ströme haben sich ihren Weg kraftvoll durch das harte Gestein gegraben.

In Nepal verdichtet sich der Himalaya zu einer schier unüberwindlichen Barriere gestaffelter Gebirgsketten, die mit den noch relativ bescheidenen Zügen der Sivalik-Berge am Rand der Gangesebene beginnt, zu den 3000 Meter hohen Mahabharatas emporsteigt, die im Land der hohen Berge noch zur Hügelregion zählen. Und wie Hügel wirken diese bewaldeten Bergkuppen in der Tat – angesichts der eisgepanzerten Hauptkette des Hochhimalaya. Der Blick vom 2300 Meter hohen Daman-Paß auf die «Heimat des Schnees», so die Bedeutung des Namens Himachal, gleicht einer unwirklichen Vision. Auf einer Länge von 200 Kilometern breitet sich vor dem Betrachter ein unvergeßliches Panorama leuchtender Berge aus, beginnend mit dem Dhaulagiri im Nordwesten, gefolgt vom Massiv des Annapurna, von Manaslu und Ganesh Himal, von Langtang und Gauri Shanker bis hin zur Pyramidenspitze des Mount Everest – eine Welt aus Eis und Schnee, die bis in den Himmel reicht. Allein acht Gipfel überschreiten die 8000-Meter-Marke, mehr als 140 weisen Höhen zwischen 7000 und 8000 Metern auf, und die Sechstausender zählt schon keiner mehr, über 1000 sollen es sein, viele von ihnen noch namenlos.

Die Himalayakette hat auch entscheidenden Einfluß auf das Wettergeschehen nicht nur Nepals, sondern des gesamten südasiatischen Raums. Als gewaltige Klimascheide zieht sie eine scharfe Grenze zwischen der Monsunzone des indischen Subkontinents und dem trockenen Steppenklima des tibetischen Hochlandes jenseits der Berge.

Wenn im Sommer die mit Feuchtigkeit geladenen Luftmassen aus Südwesten über den Indischen Ozean heranströmen und auf die Gebirge prallen, öffnet der Himmel seine Schleusen, nährt die Gletscher, füllt die Vorratsbecken, tränkt die Felder und verleiht den Flüssen neue Kraft im Kampf gegen das Gestein. Den Hauptkamm allerdings vermögen die Regenwolken nicht zu überwinden. So tragen denn auch die Täler des Inneren Himalaya jenseits der Wetterscheide fast wüstenhafte Züge und sind aus diesem Grund bis auf wenige Ausnahmen unbewohnt.

IM SCHUTZ VON GÖTTERN UND GIPFELN

Die Anfänge der Geschichte Nepals verlieren sich im Dunkel von Mythen und Legenden, denn lange bevor die Menschen hier ihre Spuren hinterließen, hatten

bereits die Götter von den Bergen Besitz ergriffen. Nach alten Chroniken sollen nomadisierende Viehzüchter, die Gopalas und Mahisapalas, als erste die Weidegründe des Kathmandu-Tals genutzt haben. Verschwommen und unklar wie die frühe Besiedlung ist auch die Herkunft des Landesnamens, zumal der Begriff Nepal in den Sprachen der Region eine ganz unterschiedliche Bedeutung hat. Am weitesten zurück reicht die Interpretation, daß die Gopal auch den Namen Nepa trugen und das von ihnen bewohnte Gebiet damit »Nep al« hieß. Im Tibetischen bedeutet »Ne pal« hingegen »Land der Wolle«, in Sanskrit wiederum ist mit »Neepa« der Fuß eines Berges gemeint.

Die Besiedlung Nepals mag vier- oder fünftausend Jahre zurückreichen, greifbar wird die historische Entwicklung aber erst seit dem 5. Jahrhundert mit der ältesten bisher gefundenen Inschrift, die auf das Jahr 464 datiert ist und am Heiligtum von Changu Narayan entdeckt wurde.

Nicht etwa aus Liebe zu den Bergen haben die Menschen die abgelegenen Täler Nepals zu ihrer Heimat erkoren; als Angehörige von Minderheiten hatten die meisten hier verzweifelt Schutz vor Verfolgung gesucht und in der Abgeschiedenheit des Gebirgslabyrinths auch gefunden.

Einige waren vor den Reiterhorden der Steppenvölker aus den Hochländern Zentralasiens über den Transhimalaya geflohen, um sich im Schatten hoher Berge winzige eigenständige Lebensräume zu schaffen, die zum Teil noch heute schwer zugänglich sind, wie Mustang, Dolpo oder Khumbu.

Aber auch Machtkämpfe auf dem indischen Subkontinent lösten Wanderbewegungen aus. So wurden im 4. Jahrhundert die Licchavi aus ihrer Heimat im indischen Bihar vertrieben und gründeten im Tal von Kathmandu die erste Dynastie Nepals. Die neuen Herren hatten sich zwar der direkten politischen Einflußnahme durch die großen Nachbarn Indien und Tibet entzogen, pflegten mit ihnen aber rege Handelskontakte über schmale Gebirgspfade, auf denen ein lebhafter Warenaustausch stattfand. Salz, Wolle, Kupfer und so kuriose Dinge wie Yakschwänze als Fliegenwedel schaukelten auf dem Rücken von Tieren und Menschen durch enge Täler über verschneite Pässe und schmale Brücken. Aber nicht nur Handelswaren hatten die Karawanen im Gepäck, auch religiöses Gedankengut fand seinen Weg in die Hochtäler Nepals. Von Tibet gelangte der Buddhismus in seiner Ausprägung als Lamaismus ins Land und setzte sich vor allem in den Grenzprovinzen Dolpo, Mustang und Khumbu fest, fand seinen Weg aber auch in das Tal von Kathmandu, das sich immer mehr zum Kernraum der Besiedlung entwickelte. Von Süden her strahlte die großartige Kultur des indischen Gupta-Rei-

Oben: Dieser hinduistische Sadhu, dessen Dreizack ihn als Anhänger des Shiva-Kults ausweist, hat sich dekorativ neben einem Relief des Elefantengottes Ganesh im Durbar-Palast von Patan in Positur gesetzt.

Mitte: Ob sich die Kinder der wertvollen Holzarbeiten ihres Balkons an einem ehemaligen Tempel im Süden von Kathmandu wohl bewußt sind?

Unten: Mit kleinen Gaben gilt es die Gottheit Bhairava am Durbar-Platz in Kathmandu, die dämonenhafte Inkarnation des Gottes Shiva, zu besänftigen.

Oben und unten: Die religiöse Toleranz in Nepal ermöglicht dem buddhistischen Mönch am Tempel von Swayambunath die Ausübung seines Glaubens ebenso wie der Hindu-Gläubigen vor der Statue des Vishnu Narayana in Budhanilkantha.

Vor allem in den Abendstunden entfaltet das Basarleben auf dem Makhan Tole in Kathmandus Altstadt seinen orientalischen Zauber.

Während die alles sehenden Augen des Buddhas von der Spitze des Stupa von Bodnath in die vier Himmelsrichtungen blikken, trägt der Wind die Gebete auf den Fahnen ins Universum.

Oben, Mitte und unten: Die Kunst Nepals steht ganz im Zeichen der Religion und hat sich liebevoll auch der Details angenommen, sei es einer Tempeltür, der vielarmigen Figur einer tantrischen Gottheit im Durbar-Palast von Patan oder der buddhistischen Gebetsmühlen mit dem eingeprägten Mantra »Om mani padme hum« (Oh, Juwel im Lotos).

ches in enger Verflechtung mit dem Hinduismus aus. Die Begegnung der beiden großen asiatischen Religionen, genährt durch immer neue Impulse der unterschiedlichen Glaubensrichtungen, führte allmählich zu einer Art Mischreligion und damit zu einer eigenständigen Kultur, die bis heute zu den faszinierenden Aspekten des Landes gehört.

Als die riesigen islamischen Heere vom 9. Jahrhundert an immer wieder in Indien einfielen und den Hinduismus im Norden vernichteten, wurde Nepal zum Hort hinduistischer und buddhistischer Traditionen.

KÖNIGREICH DER TAUSEND BERGE

Dennoch war Nepal keineswegs ein Paradies ewigen Friedens. Auseinandersetzungen innerhalb der einzelnen Volksgruppen und der Feudalherren untereinander bestimmten für Jahrhunderte den Gang der Geschichte. Mitte des 14. Jahrhunderts beendeten die Malla, deren Herkunft nach wie vor im dunkeln liegt, die bürgerkriegsähnlichen Unruhen im Tal von Kathmandu und läuteten eine der kulturell fruchtbarsten Epochen der Landesgeschichte ein. Unter den Nachfolgern des ersten Herrschers Jayasthiti-Malla entstanden kleine Stadtrepubliken, die – zum Glück für die Nachwelt – ihr Vormachtstreben eher in Form prestigeträchtiger Bauwut befriedigten als mit dem Schwert in der Hand. Ergebnis dieses friedlichen Wettstreits sind die drei Königsstädte Kathmandu, Patan und Bhaktapur, Zeugnisse längst vergangener Holzbaukunst in höchster Vollendung. Während die Herrscher der drei Stadtstaaten ihre Eifersüchteleien pflegten, hatten sich gut einhundert Kilometer westlich im Distrikt von Gorkha indische Zuwanderer zu einer schlagkräftigen Truppe formiert. Sie entstammten dem kriegerischen Geschlecht der Rajputen und waren, wie so viele andere Bewohner Nepals, Opfer der islamischen Überfremdung Nordindiens. Von ihrer neuen Heimat Gorkha aus dehnte die nunmehr Gurkha genannte Herrscherdynastie ihr Einflußgebiet zunächst nach Westen aus, ehe sie zu Beginn des 18. Jahrhunderts ihren begehrlichen Blick auf das Tal von Kathmandu richtete. 1769 mußten sich die Herrscher des Tals geschlagen geben und den Gurkha Platz machen, die nunmehr die Zügel fest in die Hand nahmen und auch andere bisher unabhängige Fürstentümer unter ihr Diktat zwangen. Erst damit gewann das Land in groben Zügen seine heutige Ausdehnung. Die Furcht vor islamischer Invasion bestand damals schon lange nicht mehr. Die neue Bedrohung kam aus Europa, seit die Engländer Indien in eine Kolonie verwandelt und die islamischen Mogulherrscher als Marionetten in ihre prunkvollen Paläste gesperrt hatten. Und wieder einmal kamen die Berge

KUNST IM DIENST DER GÖTTER

Beeinflußt von Hinduismus, Buddhismus und Lamaismus und durch die jahrhundertelange Abgeschiedenheit vom Rest der Welt, vermochte sich in Nepal eine eigenständige, hochentwickelte Kunst zu entfalten, die ihre Kraft aus den Religionen und den handwerklichen Fähigkeiten der Bewohner schöpfte.

Königssäule vor dem Palast von Patan.

Erstmals begegnet uns das reiche Kunstschaffen des Himalayastaates in den Werken der Licchavi-Dynastie, die zwischen dem 5. und 8. Jahrhundert die Geschicke des Kathmandu-Tals lenkte. Kennzeichen dieser Epoche sind Reliefs im Stil der indischen Gupta-Kunst, von denen man einige noch am Tempel von Changu Narayan bewundern kann. Sicherlich eindrucksvollstes Beispiel dieser frühen Epoche ist aber die auf dem Wasser »schwimmende« Figur des Vishnu in Budhanilkantha in Kathmandu. Einige Jahrhunderte später bereicherten auch Shiva-Darstellungen die Bilderwelt Nepals. Als etwa im 7. Jahrhundert der Buddhismus im Tal von Kathmandu Fuß zu fassen begann, wandten sich auch die Künstler Nepals, beeinflußt von indischen Schulen, der Darstellung des Buddha zu, fanden jedoch einen eigenen Stil, gekennzeichnet durch schlanke Figuren in höchster Vollendung. Heute zählen die Thankas zu den bevorzugten Souvenirs, buddhistische Meditationsbilder, die ihren Weg in den Andenkenhandel gefunden haben, ohne dadurch ihre Ausstrahlung zu verlieren. Sie sind Ausdruck des tibetischen Buddhismus und stellen ein Mandala dar, ein auf die Mitte gerichtetes, aus konzentrischen Kreisen und Quadraten bestehendes Diagramm, das den Geist des Betrachters von allem weltlichen Ballast befreien soll.

Am auffälligsten jedoch begegnet die Kunst Nepals dem Besucher in der Architektur. Zu den ältesten Bauten gehören die buddhistischen Stupas, halbkugelförmige Tempel mit einem kastenartigen Aufsatz. Hervorgegangen ist diese merkwürdige Architekturform aus den prähistorischen Grabhügeln Vorderasiens. Zunächst diente der Stupa als Reliquienschrein, später als zentrale Kultstätte der Religion, als geweihter Ort, an dem die Seele mit dem Überirdischen in Verbindung trat. Gleichzeitig kann der Stupa aber auch als Modell des Kosmos interpretiert werden, wobei die Halbkugel die Welt darstellt, der eckige Aufsatz den Wohnsitz der Götter, die sich verjüngenden Schirme die Himmel. Die Stupas im Kathmandu-Tal, allen voran Swayambunath und Bodnath, verkörpern diese Symbolik besonders vielschichtig und stellen somit einen ganz unmittelbaren Bezug zu den sie umgebenden Götterbergen her. Seit frühester Zeit waren den Stupas auch Klöster angegliedert, die in Kathmandu sogar zur Keimzelle der Stadt wurden und als Bahals noch heute erkennbar sind.

Charakteristisches Merkmal nepalesischer Kunst sind die mit Holzschnitzereien reich verzierten Palast- und Tempelanlagen, deren gestaffelte Pagodendächer auf fernöstlichen Einfluß zu weisen scheinen, wahrscheinlich jedoch eine eigenständige Entwicklung des Landes sind. Da die Tem-

pel häufig in unmittelbarer Nachbarschaft von Wohnhäusern standen oder sogar in die Palastanlagen eingebaut waren, wollte man mit der Staffelung der Dächer die Bedeutung des Heiligtums betonen, zumal die Gebetsräume selbst nur sehr bescheiden sind. Jede Tür, jedes Fenster haben die Holzschnitzer der Malla-Zeit in ein kleines Kunstwerk verwandelt, die Dachträger zum Versammlungsort der Gottheiten erhoben. Die ganze Götterwelt des Hinduismus blickt von den schrägen Holzstützen auf den Besucher, wobei auch die erotischen Darstellungen des Tantrismus nicht

Relief des Elefantengottes Ganesh.

ausgespart werden, der auf die weiblichen Gottheiten konzentrierten Glaubensrichtung des Hinduismus. Jeder Gott hat seine »shakti«, die weibliche Komponente, ohne die er nicht zu agieren vermag. Die starke Betonung des Weiblichen geht möglicherweise auf frühe orientalische Kulte zurück, die die Muttergottheit in den Mittelpunkt der Betrachtung stellten. Die auf zahlreichen Tempelfriesen dargestellten Liebesszenen, die den Namen Mithuna tragen, versinnbildlichen die Vereinigung von Shiva und Paravati als Metapher für die Verschmelzung von Himmel und Erde. Darstellungen dieser Art sind auch aus dem tantrischen Buddhismus bekannt und wurden im 7. Jahrhundert unter der Bezeichnung Yab-Yum von der Heruka-Sekte entwickelt, die heute allerdings keine Bedeutung mehr hat.

Noch heute ist das Tal von Kathmandu ein einzigartiges Freilichtmuseum südasiatischer Kunst, die sich in mannigfacher Form in unzähligen Tempeln, Palästen und Statuen manifestiert.

Oben: Gebetsraum des Klosters Thupten Choling bei Junbesi.

Unten, von links nach rechts: Die Flußgottheit Yamuna im Palast von Patan; erotisches Relief am Dattareya-Mandir-Tempel in Bhaktapur; die alles sehenden Augen Buddhas am vergoldeten Turmaufsatz des Stupa von Swayambunath; tantrische Gottheit als Dachträger am Lhutijajima-Tempel in Kathmandu.

Mitte April steht die kleine Ortschaft Thimi im Kathmandu-Tal für einen Tag ganz im Zeichen einer Schreinprozession, bei der die Gottheiten umliegender Dörfer »zu Besuch kommen« und in einem ausgelassenen Volksfest gefeiert werden.

Oben, Mitte und unten: Bei der alljährlichen Schreinprozession in Thimi bewirft man sich gegenseitig mit rotem Farbpulver, ein Schabernack, den bereits Gott Krishna mit den Hirtenmädchen getrieben haben soll und an dem heute vor allem die Kinder ihren Spaß haben, besonders, wenn sie Touristen aufs Korn nehmen können.

dem kleinen Land zu Hilfe. Die Herrscher Nepals schlossen die Grenzen und hielten jeden fremden Einfluß fern. Aus heutiger Sicht war dieser mutige Entschluß gewiß ein Segen, ersparte er dem Land doch sehr wahrscheinlich eine Fremdherrschaft, die dem indischen Subkontinent so viel Leid gebracht hat und deren Wunden in Gestalt der Auseinandersetzung zwischen Pakistan und Indien bis heute nicht verheilt sind.

Statt aber den Schutzgöttern dankbar zu sein, verfielen die selbstherrlichen Potentaten Nepals dem Größenwahn und versuchten, ihren Einfluß auszuweiten. Zunächst gelang dies auch im Westen, wo Rana Bahadur Shah die Landesgrenzen bis ins heutige Dharamsala ausweitete. Durch den Erfolg ermutigt, machte er sich an die Eroberung Tibets, wurde dort aber sehr schnell in die Schranken verwiesen. Bis ins heimische Kathmandu setzten die Manchu-Krieger den flüchtenden Gurkha-Truppen nach und zwangen Nepal 1793 zum Frieden, der bis heute gehalten hat.

1814 kam es zu Scharmützeln mit den Briten an der südlichen Landesgrenze, in denen Nepal trotz der legendären Tapferkeit seiner Gurkha-Soldaten erneut den kürzeren zog, allerdings von britischer Bevormundung verschont blieb. In jenen Tagen lag die Macht im Lande längst nicht mehr in Händen König Rajendra Bikram Shahs. Die Fäden von Intrige, Herrschsucht und Neid zogen vor allem seine beiden Frauen. Kein Dramatiker oder Regisseur hätte ein besseres Drehbuch schreiben können als die Realität von Kathmandu es vermochte. Zunächst zwang die ältere Königin den mächtigen Premierminister Bhimsen Thapa zum Rücktritt und trieb ihn sodann in den Selbstmord. Nach dem Tod der älteren Königin ließ die jüngere die Köpfe rollen. Wohl in ihrem Auftrag veranstaltete Jan Bahadur Rana, ein Neffe des Königs, am 14. September 1846 mitten in Kathmandu ein Massaker unter den Adligen und ließ sich als Premierminister einsetzen. Mit diesem Coup aber hatte die ehrgeizige Herrscherin eine Natter an ihrem Busen genährt: Nach nur sechs Monaten im Amt schickte der neue starke Mann seine Wohltäterin ins indische Exil, entmachtete deren unfähigen Gatten, ließ weitere Mitglieder der Königsfamilie umbringen und setzte einen neuen, ihm ergebenen Herrscher auf den Thron. Über einhundert Jahre hielt das Geschlecht der Rana die Macht in Händen und degradierte die Könige zu Befehlsempfängern.

Erst 1950 schüttelte König Tribhuvan Shah mit indischer Hilfe die Vorherrschaft der Premierminister ab und übernahm nun selbst wieder die politische Führung. Allmählich öffnete sich das Land der Welt und wurde zum Mekka der Bergsteiger, ein wenig später auch der Wanderer. Mit der Aufgabe der selbstgewählten Isolation waren aber auch die Tage des noch mittelalterlich anmutenden feudalistischen Panchayat-Systems gezählt.

Mit unermüdlichem Fleiß haben die Bewohner des Mittelgebirges die Hänge durch Terrassierung landwirtschaftlich nutzbar gemacht.

Oben und unten: Obwohl die Baumbestände von Nepal durch Abholzung bedrohlich schwinden, führen noch zahlreiche Wege durch dichte Wälder, wie hier zwischen Chomrong und Poon Hill in der Annapurna-Region.

Im Terai, dem tropischen Tiefland an der indischen Grenze, wurden trotz der zunehmenden Bevölkerung zahlreiche Naturschutzgebiete eingerichtet; hier Bilder aus dem Chitwan-Nationalpark.

Oben und Mitte: Auf dem Rücken von Elefanten können die Touristen die selten gewordenen Panzernashörner aufspüren.

Unten: Nach getaner Arbeit transportiert der Elefant seine Mahlzeit selbst ins Camp.

Die Strömungen demokratischen Gedankenguts wurden auch im Kathmandu-Tal immer deutlicher spürbar und führten schließlich nach bürgerkriegsähnlichen Unruhen im Jahr 1990 zur Umwandlung der absoluten Königsherrschaft in eine konstitutionelle Monarchie.

MOSAIK DER VÖLKER

Die verschachtelte Geographie bringt es mit sich, daß man von den Nepali allenfalls als Staatsangehörige sprechen kann, keineswegs aber als einem einheitlichen Volk in ethnischer Hinsicht. Das Land ist nach wie vor ein Vielvölkerstaat, allein geeint durch das Band der Monarchie, die bis vor kurzem noch absolutistische Züge trug. Der Statistik zufolge leben heute noch etwas mehr als ein Dutzend unterschiedlicher Volksgruppen mit ihrer jeweils eigenen Sprache im Land. Viele von ihnen, vor allem im Terai an der Grenze zu Indien, sind nur klein und durch Überfremdung vom Untergang bedroht. Die Mecha, Kumal und Danuwar werden wohl bald im Schmelztiegel indischer Zuwanderer ihre Eigenart eingebüßt haben.

Im Hochland allerdings tritt die Bevölkerungsvielfalt und regionale Differenzierung noch deutlicher in Erscheinung. Das Tal von Kathmandu ist Heimat der Newar, die ihren Zusammenhalt vor allem aus der gemeinsamen Sprache und der langen kulturellen, eng mit dem Tal verbundenen Tradition gewinnen. Ethnisch gesehen sind sie wohl eher eine Mischung aus den vielen Bevölkerungsgruppen, die im Lauf der Jahrhunderte hier ihre Heimat gefunden haben. Anzeichen dafür sind die Aufteilung in eine buddhistische und hinduistische Glaubensrichtung und eine kastenähnliche Hierarchie innerhalb der Newar-Gemeinschaft. Weitaus homogener sind die berühmten Sherpas (*siehe Seite* 106), die zur Gruppe der Bhotia zählen und von Tibet zugewandert sind. Ihr Lebensraum liegt in den Hochlagen der Everest-Region, wo sie lange den Salzhandel mit Tibet beherrschten, ehe sie sich dem Tourismus als Haupteinkommensquelle zuwandten. Zu den buddhistischen Bhotia zählen auch die Bewohner Dolpos und die Thakali im oberen Kali-Gandaki-Tal, mit denen der Trekker bei der Umrundung des Annapurna in Berührung kommt. Sie hatten früher eine wichtige Funktion als Zwischenhändler. Von den Bewohnern Dolpos und Tibets kauften sie Salz und Wolle, die sie gegen Weizen tauschten, den sie von Händlern aus den Tieflandregionen erwarben. Daß diese Geschäfte durchaus lukrativ waren, beweisen die schönen Handelshäuser in Tukche und Marpha am Oberlauf des Kali Gandaki. Wie die Sherpas leben auch die Thakali heute hauptsächlich vom Tourismus, indem sie ihre ehemaligen Lagerhäuser in kleine, gemütliche Herbergen umgewandelt haben.

Oben und unten: In der bäuerlichen Gemeinschaft können alte Menschen im gewohnten Umfeld ihrer Familie sorgenfrei und geachtet ihren Lebensabend genießen.

Zu den größten Bevölkerungsgruppen im ländlichen Nepal zählen die Gurung, die ethnisch mit den Thakali und Tamang verwandt sind und ebenfalls aus Tibet zuwanderten. Sie haben sich jedoch in den tieferen Lagen der Annapurna-Region niedergelassen und betreiben vor allem Reisanbau auf kunstvoll angelegten Terrassen. Weil die engen Täler nur eine bestimmte Zahl von Familien ernähren können, verdingen sich seit gut 100 Jahren viele Gurung in den Regimentern der Gurkha-Armee. Ihr verwegener Mut beeindruckte die Engländer derart, daß sie nach etlichen Auseinandersetzungen mit ihnen eigene Gurkha-Regimenter in ihre Kolonialarmee aufnahmen.

Im Tiefland, entlang der indischen Grenze, haben die Tharu ihren Lebensraum, deren Herkunft wie so häufig in Nepal nicht eindeutig ist. Im Mittelpunkt ihrer Sozialstruktur steht die Großfamilie, die über 50 Personen umfassen kann. Das religiöse Leben ist stark vom Hinduismus des nahen Indien geprägt, aber auch mit animistischen Glaubensvorstellungen durchsetzt, bei denen auch der Schamanismus eine wichtige Rolle spielt. Obwohl die Tharu noch etwa 600 000 Mitglieder zählen, wird ihre Kultur zunehmend von indischen Zuwanderern bedrängt, die im Terai einen neuen Lebensraum suchen und bereits zu einem spürbaren Wandel in dieser Region Nepals beigetragen haben.

TÄLER DES LEBENS

»Mensch und Berge entstanden beide aus derselben urtümlichen Erde und haben deshalb etwas gemeinsam«. (Francis Younghousband, *The Epic of Mount Everest*, 1927)

Die sturmumtosten Schneegipfel sind Wohnort der Götter, die Täler zu ihren Füßen seit Jahrtausenden bereits Heimat der Menschen.

Vielgestaltig wie die Gebirgsformen zeigen sich die zwischen sie eingelagerten Becken, Mulden und Senken. Winzige Talauen vor drohenden Gebirgswänden in Khumbu und Rolwaling, ausgedorrte Hochflächen in Mustang und Dolpo, liebliche Seenlandschaften vor atemberaubender Kulisse in Pokhara und Phoksundo. Sie alle haben ihr eigenes Gesicht und ihre Geschichte. Gemeinsam aber ist ihnen die oasenhafte Geborgenheit, die sie bieten – dieses Gefühl, eine geschlossene Welt zu betreten, die vom übrigen Erdkreis nicht nur durch Gebirge abgetrennt ist, sondern sich überdies eigene Lebensformen bewahrt hat. So wird es immer wieder zum großartigen Erlebnis, aus der Einsamkeit der Bergwelt hinabzusteigen zu ihren Bewohnern.

Dem Reisenden mögen die Siedlungen, umgeben von leuchtenden Terrassenfeldern, eingebettet in das zarte Grün von Pappelhainen, erfüllt mit Kinderlachen,

Oben und unten: Auf den Feldern von Chomrong am Fuß des Annapurna-Massivs wird das Getreide noch mit der Sichel geerntet und in traditioneller Art mit Hilfe von Büffeln gedroschen.

Blick vom Weiler Sikha hoch über dem Tal des Kali Gandaki zu den Massiven von Dhaulagiri (8167 m; links) und Tukche Peak (6920 m; rechts).

Eine dünne Eisschicht bedeckt bereits im Oktober diesen 4000 Meter hoch gelegenen, vom Annapurna-Massiv kommenden Bach.

Oben: Schwankende, doch zuverlässige Hängebrücken führen den Wanderer über Schluchten und Flußtäler.

Mitte: Ein schmaler Pfad schlängelt sich durch das scharf eingeschnittene Tal des Modi Khola zum Fuß des Annapurna-Massivs.

Unten: Wo Erdrutsche den Hang weggerissen haben, muß sich der Mensch auf oftmals halsbrecherischen Pfaden einen neuen Weg suchen.

Hundegebell und Hühnergackern, als kleine Paradiese erscheinen. Das Leben am Rand der bewohnbaren Welt aber ist entbehrungsreich, hart und gefährlich. Der Kampf um die Existenz steht noch immer im Mittelpunkt des Alltags und läßt kaum Raum für beschauliche Naturbetrachtungen. In bewundernswerter Weise haben die Völker dieser scheinbar so lebensfeindlichen Hochgebirgsregionen Überlebensstrategien entwickelt, die den Fortbestand ihrer Mitglieder sicherten. Gemeinschaftliche Arbeit, natürliche Geburtenkontrolle und Beachtung des ökologischen Gleichgewichts waren Voraussetzungen für eine funktionierende Selbstversorgungswirtschaft, die den geographischen und klimatischen Bedingungen stärker als anderswo unterworfen ist.

Man begnügte sich mit dem, was der eigene Boden lieferte, und pflegte nur ganz selten Kontakte zu benachbarten Tälern, etwa um das lebensnotwendige Salz gegen eigene Erzeugnisse zu tauschen oder Blutsbande mit befreundeten Clans zu knüpfen. Dort, wo die Berge den Flüssen den Weg ins Tiefland verwehrten und Seen entstanden waren, die mit ihren Ablagerungen die Täler füllten, ehe sie austrockneten, hatten sich bevorzugte Lebensräume entwickelt, in denen sich sogar eine städtische Kultur entfalten konnte. Am ausgedehntesten und wichtigsten war schon seit ältesten Zeiten das Tal von Kathmandu, das sogar lange mit dem Begriff Nepal gleichgesetzt wurde und nach wie vor den wirtschaftlichen und politischen Mittelpunkt bildet.

Heute ist auch in Nepal die Moderne mit Straßen und Flugpisten immer weiter auf dem Vormarsch, bringt die Errungenschaften und die Probleme unserer Zivilisation bis in die fernsten Winkel, löst sie aus der Isolation, verändert sie, erweckt Wünsche und schafft neue Abhängigkeiten. Wir mögen diesen Prozeß bedauern, aufhalten läßt er sich freilich nicht.

AUF SCHMALEN PFADEN

»In den Steinwüsten der Gebirge gibt es einen seltsamen Pfad; auf ihm kann man den Wirbel des Lebens eintauschen gegen die Glückseligkeit ohne Grenzen.« (Yogi Milarepa, 11. Jahrhundert)

In Nepal unterwegs zu sein bedeutet Rückbesinnung auf das älteste Fortbewegungsmittel der Welt – die eigenen Beine. Der Prozeß kann zu Beginn durchaus schmerzhafter Natur sein und sich in Form von Muskelkater, geschwollenen Knien und keuchender Atemlosigkeit bemerkbar machen.

Wandern in Nepal ist kaum vergleichbar mit Wandern in Europa und anderen zivilisierten Ländern der Ersten Welt, wo ein wohlmarkiertes Wegenetz die Schönheiten der Natur erschließt. Der Nepali geht nicht aus Überzeugung zu Fuß, er muß; die Wege sind Lebensadern, nicht

Unnahbar ragt der hohe Gipfel des Annapurna-Süd (7223 m) über das freundliche Grün der Vorberge bei Gandruk.

Trimmpfade für gestreßte Wohlstandsbürger. Wer in Nepal wandert, reiht sich ein in das dichte Netz der Ameisenstraßen, und wird somit selbst Teil dieser Kulturlandschaft. Keine Begegnung ohne ein Lächeln und das allgegenwärtige «Namaste» – guten Tag.

Seit Jahrhunderten spielt sich ein großer Teil des Lebens auf den Wegen und Pfaden ab, die sich bis in die kleinsten Siedlungen verästeln. Ihr Ausbau ist völlig unterschiedlich und naturgemäß in erster Linie von der Oberflächenbeschaffenheit der Landschaft geprägt. Schwindelerregend klammern sich nur fußbreite Pfade an fast senkrechte Wände über schäumenden Flüssen, andere Wege winden sich behäbig breit durch das wogende Meer der Reisfelder. Nach Ulleri steigt man recht bequem über 1000 Stufen empor, auf dem Weg zum Annapurna-Basislager hangelt man sich hingegen an Ästen und Wurzeln durch dämmrig-grünen Bambuswald. Und immer wieder sind schwankende Hängebrücken zu überqueren. Sie sind dafür, daß der technische Fortschritt nicht nur dem Ausbau der Straßen zugute kam, sondern auch das Wegenetz nicht vergaß. Kaum eine Brücke bereitet heute noch Herzklopfen. Mögen auch einige Holzbohlen fehlen und der Blick unvermittelt auf das gurgelnde Wasser fallen, die armdicken Stahltrossen in ihren Betonverankerungen flößen Vertrauen ein.

Auf vielbegangenen Routen hat sich im Lauf der Jahre eine ganz den Bedürfnissen der Reisenden angepaßte Infrastruktur herausgebildet. Nepals Wege sind in erster Linie Handelsrouten, auf denen Waren auf dem Rücken unzähliger Träger durchs Land schwanken. Die Dokos, die trichterförmigen, handgeflochtenen Körbe, sind wie eh und je vorherrschendes Transportbehältnis. Sie werden mit einem Stirnband getragen und wiegen vollbeladen nicht selten 50 Kilogramm. Dem Bergwanderer, der bereits mit einem gutgepolsterten, 15 Kilo schweren Rucksack seine liebe Mühe hat, bleibt für die körperliche Leistung der Träger nur Bewunderung. Da die Lasten vom Boden nicht ohne fremde Hilfe hochgehoben werden können, hat man am Wegesrand in regelmäßigen Abständen Chautaaras errichtet, hüfthohe Plattformen, auf denen sich die Dokos bequem absetzen und wieder aufnehmen lassen. Hier treffen sich die Träger zur Pause, rauchen ihre Bidi, kochen auf einem kleinen Feuer ihr Dalbat und tauschen Neuigkeiten aus.

DER WEG IST DAS ZIEL

Dort, wo sich die geschäftstüchtigen Thakali niedergelassen haben, säumen auch einfache Gasthäuser die Routen. Diese sogenannten Bhatti sind auch für den

Das Bild zeigt, warum der heilige Berg Macchapuchare (6999 m), der nicht bestiegen werden darf, auch »Fischschwanz« genannt wird.

Touristen ersehnte Ziele, wo man mit heißem Tee und einer Nudelsuppe neue Energie tankt, einen Regenschauer vorüberziehen läßt oder für die Nacht sogar ein Dach über dem Kopf findet.

Vor allem in großen Höhen birgt das Unterwegssein noch immer Gefahren – ein plötzlich einbrechender Schneesturm, eine Lawine, ein abrutschender Hang – es gibt viele Möglichkeiten, auf den Wegen Nepals sein Leben vorzeitig zu beenden. So flattern denn auch an den besonders markanten Pässen Gebetsfahnen im Wind, und kein Träger wird vergessen, als Dank an die Götter einen Stein auf die bereits aus Tausenden anderer Steine aufgehäufte Pyramide zu legen, die jeden Paß krönt.

In unseren Augen mögen viele Wege primitiv erscheinen, einige von ihnen erfüllen jedoch schon seit Jahrhunderten die Funktion wichtiger Verbindungslinien zwischen weit entfernten Kulturkreisen. Auf ihnen erfolgte nicht nur der Austausch von Gütern über weite Distanzen, auch Wanderprediger und Mönche reihten sich ein in den Strom der Lasten und verbreiteten Hinduismus und Buddhismus weit in die Täler hinein.

Zu den bedeutendsten Routen Nepals zählt der Weg durch das Tal des Kali Gandaki, gesäumt von den Achttausendern Dhaulagiri und Annapurna. Mitten durch den Himalaya zieht sich der Weg vom Tiefland Indiens bis zum Hochplateau Tibets. Die Menschen haben schon früh diese von der Natur vorgezeichnete Verbindung zwischen Tibet und der Gangesebene entdeckt und zum Warenaustausch genutzt. Zwar begegnet man noch immer den Maultierkarawanen, deren beruhigendes Bimmeln man schon von weitem hört, Kostbarkeiten allerdings transportieren sie in ihren Packtaschen längst nicht mehr, und die wenigsten kommen den weiten Weg von Tibet. Ihre Heimat sind die abgelegenen Distrikte von Mustang und Dolpo, die bis vor kurzem noch hermetisch abgeriegelten Grenzprovinzen zu Tibet.

Die Thakali, die den Handel kontrollierten, sind mit der Zeit gegangen. Statt müder Karawanen beherbergen sie nunmehr nicht minder erschöpfte Touristen auf einer der schönsten Wanderrouten des Landes. Sie haben längst gelernt, womit man die Herzen der Trekker erfreut: Statt des traditionellen Dalbat aus Reis und Bohnen stehen Pizza, Rösti und gebratene Nudeln auf dem Speiseplan. Und daß es in Birethanti hervorragendes Schwarzbrot gibt und der Apfelkuchen in Tatopani besonders gut ist, weiß mittlerweile jeder. Eines aber wird dem Reisenden nicht abgenommen, und vielleicht liegt darin das Geheimnis des Zaubers, er muß sich Nepal auf schmalen, gewundenen Pfaden erlaufen, fortwährend im innigen Kontakt mit der Landschaft.

Oben: Während des herbstlichen Opferfestes Dasain werden überall im Land Schaukeln und «Riesenräder» aufgestellt, mit denen sich die Kinder einen Monat lang vergnügen können.

Mitte: Männern wie Frauen verlangt das Leben in den Bergen größte körperliche Leistungen ab, müssen doch die Lasten vorwiegend auf dem eigenen Rükken fortbewegt werden.

Unten: In abgelegenen Siedlungen ist die Handweberei mehr als nur Zeitvertreib.

«Der Weg ist das Ziel» – diese in Europa bereits etwas abgegriffene Floskel tibetischen Ursprungs hat im Land der Gebirgspfade durchaus noch ihre Berechtigung.

IM GRÜN DES DSCHUNGELS

Daß fast ein Viertel der Landesoberfläche Nepals aus hügeligem, weniger als 300 Meter aufragendem Bergland besteht, wird angesichts der Gebirgsketten des Himalaya leicht vergessen. Entlang der südlichen Grenze zieht sich ein schmaler Streifen, dessen Name «Terai», Sumpfland, bis vor kurzem noch durchaus zutreffend war. Die aus dem Gebirge kommenden Flüsse haben hier ihre Schuttfracht abgelagert und mit einer über 2400 Meter dicken Sedimentschicht den Graben des Tethysmeers zugeschüttet.

Ähnlich wie die Berge bildeten auch die dichten, undurchdringlichen Dschungel des Terai lange Zeit einen wirksamen Schutz gegen Eroberungsversuche aus dem Süden. Völlig menschenleer war das fruchtbare Land allerdings nie. Bereits im ersten vorchristlichen Jahrtausend hatten hier kleine Königreiche existiert, ehe sie im Strudel innerindischer Auseinandersetzungen versanken. Zu ihnen zählte auch das Geschlecht der Shakya, das im heutigen Lumbini seine Residenz hatte. Es wäre längst in Vergessenheit geraten, hätte nicht der Sohn König Suddhodanas um das Jahr 500 v. Chr. den Entschluß gefaßt, dem sorglosen Leben am Hofe zu entsagen und Asket zu werden. Tathagata, «der ebenso Gegangene», nannte er sich selbst, aber auch unter den Namen Shakyamuni, «der Weise aus dem Geschlecht der Shakya», und Gautama war er bekannt, vor allem aber als Buddha, der «Erleuchtete».

Durch die rasch wachsende Bevölkerung und die erfolgreiche Bekämpfung der Malaria hat das Terai seit Ende des Zweiten Weltkriegs seinen ursprünglichen Charakter immer mehr eingebüßt und sich zur wichtigsten Agrarlandschaft und Kornkammer Nepals gewandelt. Glücklicherweise hat die Regierung sich noch rechtzeitig besonnen und ehemalige Jagdgebiete der Rana-Herrscher unter Naturschutz gestellt, allen voran den 1440 Quadratkilometer großen Chitwan-Nationalpark. Flora und Fauna blieben hier in ihrer Ursprünglichkeit erhalten und vermitteln jedem Naturliebhaber unvergeßliche Erlebnisse in einer noch unberührten Landschaft. Hundert Jahre zurückversetzt in die Zeiten Rudyard Kiplings fühlt man sich beim morgendlichen Elefantenausritt, wenn man gebannt auf das gelbe Grasmeer starrt, um den kurzen Anblick eines Nashorns zu erhaschen – Jagdfieber ohne tödlichen Ausgang.

Chitwan ist der bekannteste Park des Terai, keineswegs aber der einzige. Im Westen wurde das größte noch geschlossene Waldgebiet im Royal-Bardia-Park

Die inmitten von terrassierten Gärten und Feldern liegende Ortschaft Chomrong gehört zu den wohlhabendsten und schönsten Siedlungen im Annapurna-Gebiet.

Bei Lete Bridge: Der vom Dhaulagiri-Massiv kommende Lete Khola (links) mündet in den Kali Gandaki.

Jeden Winter ist das im Everest-Gebiet liegende Kloster Tengboch Schauplatz des farbenprächtigen Mani-Rimdu-Festes.

Oben, Mitte und unten: Drei Tage lang feiern die Mönche beim Mani-Rimdu-Fest in Tengboche mit Gebeten, Umzügen und Tänzen den Sieg des Buddhismus über den Bön-Kult. Höhepunkt ist das Cham-Ritual, bei dem die mit prachtvollen Masken und Kostümen verkleideten Mönche nach strengen Regeln den Sieg des Guten über das Böse in Form eines Mysterienspiels darstellen.

unter Schutz gestellt, eine für den normalen Touristen nur schwer zugängliche Wildnis, in der Tiger und wilde Elefanten heimisch sind. Spezialisten zieht es in die kleineren, kaum besuchten Schutzgebiete Suklaphanta, wo der fast ausgerottete Zackenhirsch ein Refugium hat, und ins Koshu-Tappu-Reservat, eine feuchte Flußlandschaft beiderseits des Sapt Kosi, die als Paradies für Vogelfreunde gilt.

Um so größer ist dann der Schock bei der Fahrt durch die lärmenden Grenzstädte, die bereits von der Welle indischer Zuwanderung ergriffen sind und die ganze Problematik des Subkontinents in ihren Mauern beherbergen – soziale Spannungen, Armut und Übervölkerung. Die Zeiten der selbstgewählten Isolation sind längst vorbei, und so muß das kleine Nepal Konzessionen an den mächtigen Nachbarn machen, durch den alle wichtigen Handelswege der neuen Zeit führen. Zwischen dem Tal von Kathmandu und dem Terai liegen weit mehr als nur 200 Straßenkilometer – es sind Welten.

ZWIESPRACHE MIT DEN GÖTTERN

»Der Tau liegt auf dem Lotos! Große Sonne gehe auf! / Und heb mein Blatt und misch mich mit der Welle. / Om mani padme hum, der Sonnenaufgang kommt! / Der Tropfen Tau gleitet in die glänzende See!« (Edwin Arnold: *The Light of Asia*, 1879)

Für die Menschen, die seit Jahrtausenden mit und zwischen den Bergen des Himalaya leben, sind die emporstrebenden, himmelhohen Felsmassive und Eisbarrieren schon immer Ort religiösen Mysteriums und somit fester Bestandteil ihres Glaubens.

Angesichts der geradezu überirdischen Majestät, aber auch der vernichtenden Gewalt der Bergwelt ist es nur verständlich, daß die frühen Siedler, die in den Tälern Schutz suchten, alles Göttliche unmittelbar auf die Natur bezogen, daß sie Steine, Bäume und Berge als Wohnstätte guter und böser Geister sahen. Unter dem Namen Bön sind diese archaischen Kulte bis heute lebendig, auch wenn die buddhistischen und hinduistischen Glaubensvorstellungen schon lange Einzug gehalten haben.

Aber nicht erst die Menschen unmittelbar im Schatten der Berge haben die Göttlichkeit des Himalaya erfahren. Den im indischen Tiefland entstandenen Hochreligionen Hinduismus und Buddhismus galt die Bergwelt im Norden seit Anbeginn als wichtigster Pfeiler ihres kosmisches Weltbildes.

»Wer an die Himachalas denkt, auch wenn er sie nicht sieht, ist größer als der, welcher in Benares alle Riten der Verehrung erfüllt. In hundert Götterjahren könnte ich dir nicht den Ruhm der Himachalas erzählen. So wie der Tau schwindet, wenn die Morgensonne aufgeht, so

MANI RIMDU: KLÖSTERLICHES MYSTERIENSPIEL

Alljährlich im November oder Dezember erwacht im Kloster von Tengboche für drei Tage ein uralter Kult zum Leben, der seine Wurzeln in der Frühzeit des Lamaismus hat und in einzigartiger Weise Unterhaltung, Belehrung und Ermahnung verbindet.

Für den westlichen Betrachter mag das farbenprächtige Tanzfest der Mönche hauptsächlich folkloristische Qualität haben, für die von weit her anreisenden Bewohner der umliegenden Täler verbirgt sich dahinter jedoch nach wie vor tiefe religiöse Bedeutung.

Die klösterlichen Mysterienspiele, die ausschließlich von den Mönchen aufgeführt werden, gehen auf die Zeit zurück, als sich die neue Religion gegen den animistischen Bön-Kult behaupten mußte. Statt mit Feuer und Schwert gegen die Andersgläubigen vorzugehen, bediente sich der Buddhismus subtilerer Mittel. Eines davon ist das Mysterienspiel, das vor den andächtigen Zuschauern mit schreckenerregenden Masken, dumpfem Hörnerklang und bunten Gewändern den Sieg des Buddhismus über die Geisterwelt des Bön-Kults wirkungsvoll inszeniert. Die Feste

Dumpfer Trommelklang begleitet den Tanz.

werden noch heute in zahlreichen Klöstern Ladakhs, Bhutans und Nepals begangen und halten so die Erinnerung an Padmasambhava, den Verkünder des Buddhismus im Himalaya, wach.

Das dreitägige Fest von Tengboche in Khumbu hat seinen Namen vom Eröffnungsgebet am ersten Tag, zu dem sich Gläubige und Mönche außerhalb der Klostermauern versammeln. Der Abt erteilt den Segen und erhält dafür von den Sherpas Spenden in Form von Geldbeiträgen, Nahrungsmitteln oder kleinen Opferfiguren aus Teig. Nach der Zeremonie ziehen die Mönche in einer Prozession zurück zum Kloster. Höhepunkt der Feierlichkeiten ist das zehn Stunden dauernde Tanzfest am nächsten Tag, bei dem die Mönche mit Masken auftreten und die Welt der Geister, Dämonen und Schutzgottheiten zum Leben erwecken. Die fremdartige Aufführung ist ausdrucksvoller Beweis für die Anpassung des Lamaismus an die animistischen Bön-Kulte und für die Übernahme von deren Riten. Vergeblich wird man nach Zeichen des orthodoxen Buddhismus suchen, wie er heute noch etwa in Sri Lanka oder Burma praktiziert wird.

Der Gott der Himmelsrichtung Westen.

Jeder Tanz hat seine kultische Bedeutung. Die vier Götter der Himmelsrichtungen sollen die von überall einfallenden bösen Geister abwehren. Zu den Höhepunkten gehört der Auftritt Padmasambhavas in besonders eindrucksvoller Maske. Der von den Sherpas als Gott verehrte Mystiker verschmolz im 8. Jahrhundert den Bön-Kult des Himalaya mit dem traditionellen Buddhismus zum Lamaismus oder tibetischen Buddhismus.

In die Veranstaltung werden aber auch unterhaltsame Elemente eingeflochten, so der Auftritt des Greises, der einen verdutzten Touristen auf den Tanzplatz zieht und mit ihm zum Ergötzen der Einheimischen seinen Schabernack treibt. Dann wirbeln Skelette mit Totenmasken über den Hof, die Herren der Leichenäcker, die an die Vergänglichkeit des irdischen Lebens gemahnen. Der Zuschauer wird gefangengenommen von den Farben der Gewänder, von ausdrucksvollen Masken, Weihrauchschwaden und den monotonen Klängen der Instrumente und versinkt in eine Art Trance, die Zeit und Raum vergessen läßt. Das Tanzdrama endet in der Dämmerung, wenn sich die in langsamer Bewegung befindlichen Figuren nur noch als Schemen abzuzeichnen beginnen und der Sieg des Guten über das Böse sicher ist. Nun übernehmen die Einheimischen die Regie und verleihen den Feierlichkeiten eine ausgelassene weltliche Komponente. Die Lieder der Sherpas erfüllen nun den Klostervorplatz, zarte Bande werden geknüpft, der Chang, das selbstgebraute Hirsebier der Sherpas, fließt in Strömen, und über allem leuchten die vom Mond in helles Licht getauchten Eiswände des Ama Dablam, während sich die Menge mit kraftvollen Stampftänzen vergnügt und warm hält.

Mit der feierlichen Rol-cham-Zeremonie vor dem Altar eröffnen die Mönche das Mysterienspiel.

Im eisigen Wind flattern die Gebetsfahnen über der kleinen Ortschaft Pengboche in der Everest-Region.

Mühsal bestimmt den Alltag der Bewohner des 4300 Meter hohen Tals von Chukung.

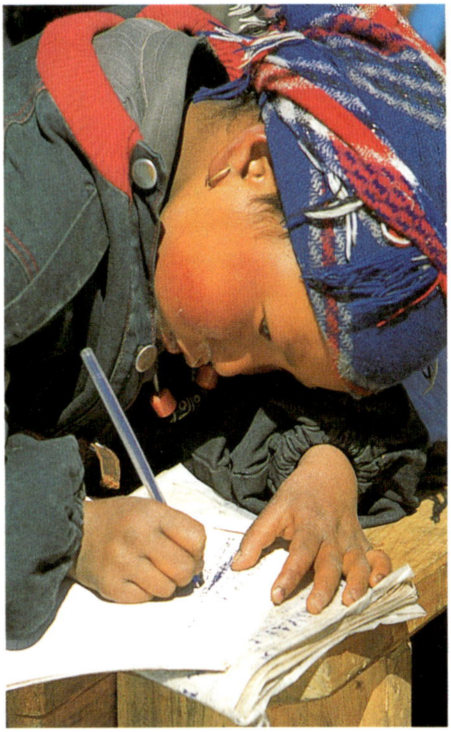

Oben und unten: Mit großer Begeisterung folgen die Sherpa-Kinder trotz der beißenden Kälte dem Schulunterricht im Freien. Zu verdanken hat die Everest-Region ihr gut entwickeltes Schulsystem vor allem den Bemühungen von Sir Edmund Hillary, dem Erstbesteiger des Everest.

schwinden die Sünden der Menschen, wenn sie der Himachalas ansichtig werden», heißt es in den *Puranas*, den epischen Beschreibungen aus dem 9. Jahrhundert. Hinter dem Begriff «Himachal» verbirgt sich also weit mehr als die geographische Beschreibung «Land des Schnees» – es ist geheiligtes Götterland. Und nicht von ungefähr wird in den beiden asiatischen Hochreligionen der Mittelpunkt des Universums durch ein imaginäres Gebirgsmassiv gebildet, den Weltberg Meru, Wohnsitz der Götter und Achse des Kosmos. Als sein irdisches Abbild gilt den Hinduisten wie den Buddhisten der Himalaya, an erster Stelle der Kailash, der «Silberberg» im Hochland Tibets.

Die alles beherrschende Natur des Himalaya bringt es mit sich, daß die Menschen seit jeher das Sichtbare mit dem Unsichtbaren in unzähligen Mythen und Legenden zu einem metaphysischen Geflecht verwoben haben. Dem allgewaltigen Indra, dem höchsten Gott der Veden, wird die Schöpfung zugeschrieben und in den kraftvollen Hymnen des Rigveda sein Ruhm besungen.

Nicht nur dienen die eisglänzenden Spitzen und Zinnen den Göttern als weltentrückter Wohnsitz zwischen Himmel und Erde ähnlich dem griechischen Olymp, sie sind die steingewordenen Offenbarungen des Überirdischen und damit Orte der Wallfahrt und Besinnung, denen sich der Gläubige in tiefer Demut nähert. Und welch ausdruckvolle Namen tragen diese Berge!

Annapurna, die «nahrungsspendende Gottheit», Kangchendzönga, «die fünf Schatzkästen des ewigen Schnees», Manaslu, «Sitz der Seele Gottes», Cho Oyu, «Göttin des Türkis», und über allen thronend Chomolongma, «Muttergottheit des Landes», von den Europäern in der ihnen eigenen Überheblichkeit nach einem britischen Vermessungsingenieur Mount Everest benannt.

Mit der Flucht der Menschen aus den Tiefländern in die Berge Nepals schlugen auch die Weltreligionen Buddhismus und Hinduismus Wurzeln in den Hochtälern. Ihr Einzug hat zwar den Dämonen und Geistern ihre Allmacht genommen, deren Wirkung aber keineswegs abgetötet. So einfach hätten sich die Bewohner ihren ureigensten Bön-Kult auch gar nicht nehmen lassen, zumal Buddhismus und Hinduismus jener Fanatismus fehlt, der Islam und Christentum immer wieder zur Waffe greifen ließ.

So fanden denn die Dämonen und Geister ihren Platz im neuen religiösen Weltbild, das sich vom 8. Jahrhundert an allmählich auszuformen begann. Vor allem der Buddhismus hat durch Aufnahme der regionalen Volkskulte eine völlig neue Form erhalten, die als Lamaismus oder «diamantenes Fahrzeug» bezeichnet wird. Weibliche Gottheiten wie die Tara hielten Einzug, magisch-esoterische Kultformen dienten der Zwiesprache mit den Göttern. Durch Yoga, das Murmeln von Mantras, die

Überraschend ist an einem Apriltag noch Schnee gefallen und hat das Dorf Thomde bei Namche Bazar in eine märchenhafte Winterlandschaft verwandelt.

on der Ortschaft Khumjung geht der Blick zum Ama Dablam, dem Matterhorn Nepals.

Fast senkrecht steigt die Wand des 6441 Meter hohen Hiunchuli, des südlichen Eckpfeilers des Annapurna-Massivs, aus dem Tal des Modi Khola.

Versenkung mit Hilfe religiöser Thankas oder gar durch die erotischen Rituale des Tantrismus suchten die Gläubigen die Annäherung an das nicht Sichtbare auf dem «rechten Pfad der Lehre».

Die erlösungverheißende Hinwendung zu Buddha hat die Furcht vor den dunklen Kräften der Tiefe allerdings nicht gebannt, sondern läßt es geraten erscheinen, auch diese Wesen gnädig zu stimmen.

Mag die buddhistische Lehre in Nepal auch ein exotisches, farbenprächtiges Kleid erhalten haben, das nichts mehr gemein hat mit dem bescheidenen Baumwollgewand des Religionsstifters, der Kern seiner Lehre ist geblieben und hat den Geist der Menschen in weiten Teilen des Landes über die Jahrhunderte hinweg verändert und ihnen jene sanfte Lebensart gegeben, die wir heute so bewundern und die uns wie ein Stück des verlorengegangenen Paradieses erscheint.

DAS ENDE DES VIERTEN YUGA

«Der Mond und die Sterne lösen sich auf, und die steigende Flut wird zu einer grenzenlosen Wasserfläche. Dies ist die Pause einer Brahma-Nacht.» (Heinrich Zimmer: *Indische Mythen und Symbole*, 1972)

In den unvergeßlichen Anblick der Himalaya-Berge, der zartgrünen Reisterrassen, der geschnitzten Kunstwerke und der ebenmäßigen Stupas mischt sich als Wermutstropfen die Erkenntnis, daß auch Nepal nicht das ersehnte «Shangri La» verkörpert und längst seine Unschuld verloren hat.

Zum einen zeigt sich die Natur unerbittlich. Wie ein Damoklesschwert schwebt die Gefahr von Erdbeben über dem an der Nahtstelle zweier Kontinentalplatten gelegenen Land. Wiederholt hat die Erde gezittert und Tausende von Menschen unter den Trümmern ihrer Häuser begraben.

Die größten Gefahren aber gehen vom Menschen selbst aus, denn der verheerenden Verknüpfung von Bevölkerungswachstum, Landnot und Umweltzerstörung vermag sich auch diese Region nicht zu entziehen, mit Folgen, die weit über die Landesgrenzen hinausreichen.

Am nachhaltigsten wirkt sich die Abholzung der Wälder aus, die das empfindliche Ökosystem des Himalaya bereits aus dem Gleichgewicht gebracht hat. Für die Menschen des indischen Subkontinents wohnt den vom Gebirge herabströmenden Wassermassen göttliche Kraft inne. Shiva, so berichtet die Legende, fing mit seinem Haar die Wasser aus den Bergen auf und leitete sie in die Ebenen auf die Felder der Menschen.

Ganz so wie die Gottheiten, die sie verkörpern, besitzen aber auch die Flüsse den schreckenerregenden, zerstörerischen Aspekt, wandeln sie ihr Gesicht von der liebreizenden Ganga in das der schwarzen, gnaden-

DER MOUNT EVEREST – DIE GESCHICHTE SEINER EROBERUNG

In chinesischen Karten des 18. Jahrhunderts war der höchste Berg der Erde als «Chomolungma» – Muttergöttin der Erde – verzeichnet; von den Briten wurde er erst Mitte des 19. Jahrhunderts kartografisch erfaßt – aus 200 Kilometern Entfernung, denn Nepal war für Ausländer gesperrt. 1865 taufte man ihn nach dem Namen des damaligen Vermessungsingenieurs George Everest «Mount Everest». Bei den Nepali heißt der 8850 m hohe Berg «Sagarmatha» – Haupt der Wolken.

1921: Von Darjeeling aus wird eine geeignete Aufstiegsroute zum Nordgrat erkundet.
1922 erreicht eine britische Expedition eine Höhe von 8320 m; ein Schneebrett reißt 7 Sherpas in die Tiefe.
1924: Eine englisches Team schafft es ohne Sauerstoff auf eine Höhe von 8565 m. George Leigh Mallory und Andrew Irvine versuchen mit Sauerstoff den Gipfel zu erreichen und kehren nicht wieder zurück. 1999 wird Mallorys mumifizierte Leiche auf 8200 m gefunden.
1933: Der Gipfelsturm verschiedener britischer Expeditionen scheitert am Wetter. Nach dem Zweiten Weltkrieg war Tibet für westliche Besucher nicht mehr erreichbar.
1952 gelangt eine Schweizer Expedition auf den Weg über den Khumbu-Eisbruch bis 300 m unter den Gipfel.
1953 erreichen die Engländer Edmund Hillary und Tenzing Norgay am 29. Mai den Gipfel.
1956 gelangt eine Schweizer Expedition zum Gipfel.
1960 versucht eine chinesische Expedition mit über 200 Mitgliedern die Besteigung über die Nordroute. Drei Teilnehmer erreichen den Gipfel mitten in der Nacht.
1963 bezwingen die Amerikaner Unsoeld und Hornbein den Westgrat und überschreiten den Gipfel zum Südgrat.
1975 stellt eine chinesische Expedition auf dem Gipfel das berühmte Dreibein auf, das zur Vermessung dient, sowie die Leiter am Second Step.
1978 erreichen Reinhold Messner und Peter Habeler den Gipfel ohne künstlichen Sauerstoff. Im selben Jahr gelingt dies auch Hans Engl, dem ersten Deutschen. 1983 ersteigt eine amerikanische Expedition die Ostwand.

Inzwischen haben weit über 1000 Menschen den Gipfel erstiegen, mit hohem materiellem und finanziellem Aufwand – der Mount Everest ist zu einem (massen-)touristischen Ziel keineswegs nur für erfahrene Bergsteiger geworden. Doch über 200 Menschen hat Chomolungma seitdem auch das Leben gekostet.

Die letzten Sonnenstrahlen tauchen die Gipfel der Bergriesen in goldenes Licht, ehe sich Dunkelheit und Kälte über das Land legen.

losen Göttin Kali, die mit verzerrter Fratze und einer klappernden Kette aus Menschenschädeln um den Hals nach blutigen Opfern verlangt und sie auch bekommt.

Immer weniger zeigt das gelockte Haar Shivas die erhoffte Wirkung. Während des Monsuns schießen die Wasser zunehmend als existenzbedrohende, ja tödliche Fluten in die Ebenen und löschen das Leben aus, dessen Entstehung sie einmal bewirkten.

Aber der Zorn der Götter trifft die Völker nicht unverdient, haben sie Shiva doch seiner Haarpracht beraubt, die Wälder an den Hängen des Himalaya rücksichtslos abgeholzt und so dem Wasser freien Lauf gelassen.

Gern wird dem Touristen der Großteil der Schuld am Ausverkauf der Landschaft angelastet. Mit jeder Tasse Tee, die er trinkt, mit jedem Feuer, das ihn wärmt, stirbt ein Stück wertvoller Gebirgswald. Die Regierung hat dieses Problem längst erkannt und begegnet ihm recht wirkungsvoll mit der Schaffung von weiträumigen Schutzgebieten, wie dem Sagarmatha-Park oder dem Annapurna Sanctuary, in denen nur mit Kerosin gekocht werden darf. Während diese Vorschrift bei den organisierten Touren strikt eingehalten wird, muß der einzeln reisende Trekker nach wie vor schlechten Gewissens zuschauen, wie seine Nudelsuppe in den Lodges über einer Holzkohlenglut dampft.

Es ist aber vor allem die Übervölkerung, unter der die Landschaft zu leiden hat. Um seine Existenz zu sichern, muß der Mensch immer steilere Hänge unter den Pflug nehmen, immer mehr Wald in Felder und Weiden verwandeln, und in das kleine Tal von Kathmandu strömen jedes Jahr mehr als 23 000 Zuwanderer aus dem Umland. Auch die gutgemeinte Hilfe der Industrienationen hat zuweilen verheerende Auswirkungen. Der Aufbau einer exportorientierten Teppichmanufaktur hat das ohnehin bereits stark belastete Grundwasser Kathmandus in eine bedrohliche Kloake verwandelt. Und auch die Luftverschmutzung hat kaum noch erträgliche Ausmaße erreicht und Kathmandu einen traurigen Spitzenplatz neben den Millionenmetropolen Mexiko Stadt und Peking zugewiesen.

Und doch folgt der hinduistischen Glaubensauffassung nach auch diese Mißachtung der naturgegebenen göttlichen Ordnung kosmischen Gesetzen, dem unumkehrbaren Vorbeizug der vier Yuga nämlich, der vier Epochen der Weltexistenz, an deren Ende die Auflösung und Neuschöpfung des Alls durch Vishnu steht. Die Menschheit ist bereits in das vierte Yuga, das der Kali, eingetreten. Für uns Lebende ist dies freilich nur ein geringer Trost und keineswegs Grund, der Zerstörung des Paradieses tatenlos zuzusehen.

Von Pheriche aus gesehen erscheint die Nordwestflanke des Ama Dablam als eine uneinnehmbare Wand.

KATHMANDU: METROPOLE ZWISCHEN MITTELALTER UND MODERNE

Kathmandu wird wohl jeder Nepalreisende kennenlernen – als Ausgangspunkt vieler Trekkingtouren, quirliges Handelszentrum und als eine Stadt, die trotz der mittlerweile 400 000 Einwohner in ihrer großartigen Palastanlage noch einen Eindruck von der Pracht der alten Königsstadt vermittelt.

Wie so viele historische Ereignisse ist auch die Gründung der Hauptstadt Nepals von Mythen umgeben. Bereits 723 soll sie unter den Namen »Kirtipur« – die schöne Stadt – vom legendären Herrscher Gunakame gegründet worden sein. Mit Sicherheit aber lebten schon damals Menschen am Ufer des Vishnumati, möglicherweise sogar in einer geschlossenen Siedlung mit Namen Dakshin Koligrama.

Einen Hinweis auf das hohe Alter Kathmandus liefert der Stadtplan, der vor allem in den Vierteln nördlich und südlich des heutigen Zentrums nach wie vor einen völlig unregelmäßigen Straßenverlauf erkennen läßt, Beweis für ein langsames, planloses Wachsen. Keimzellen waren vielerorts buddhistische Klöster, sogenannte Bahals, die miteinander durch Fußpfade verbunden waren. Im Lauf der Zeit füllten sich die dazwischenliegenden Freiflächen unter Beibehaltung des alten Wegenetzes. Mit der Hinwendung zum Mahayana-Buddhismus wurden die Klöster säkularisiert und als Wohnraum genutzt. Die ehemals starke Zersplitterung in viele kleine Siedlungen wird auch an der schier unüberblickbar großen Zahl religiöser Kultstätten deutlich. Jedes Wohngebiet hatte seine Tempel und seine eigene, durch das Kastenwesen geprägte Sozialstruktur.

Zur Stadt wurde Kathmandu erst im 12. Jahrhundert, als mit dem Kasthamandapa ein zentrales Bauwerk als Versammlungsort der Dorfvorsteher geschaffen wurde. Es stand nicht von ungefähr an der wichtigen Handelsroute, die Indien mit Tibet verband und nach wie vor als Diagonale die Hauptachse der Altstadt bildet. Im Lauf der Jahrhunderte entwickelte sich um den Kasthamandapa herum die großartige Palastanlage des Durbar, die heute zu den wichtigsten Sehenswürdigkeiten der Stadt zählt. Der verschachtelte Komplex mit seinen reichen Holzschnitzereien, den Tempeln mit ihren charakteristischen Pagodendächern, den kleinen, versteckt liegenden Heiligtümern, Statuen und Gedenksäulen ist ein einzigartiges Zeugnis der Newar-Kunst, eingebettet in das tägliche Leben der Bewohner. Während der alte Palast heute als Museum dient, herrscht auf dem Markt zwischen den davorliegenden Heiligtümern geschäftiges Treiben wie eh und je. Gegenüber der Südfront des Palastes hat die Kumari ihr Domizil, die »Kindgöttin«, die seit dem 18. Jahrhundert als Garantin des Königtums verehrt wird. Nahe dem Palasteingang blickt das riesige farbige Relief des Kala Bhairava auf die Passanten, die schreckenerregende Manifestation des Gottes Shiva in Gestalt des Rächers.

Folgt man der alten diagonalen Handelsstraße, taucht man ein in das noch mittelalterlich anmutende Basarleben. Immer wieder öffnen sich kleine Plätze mit Tempeln, um die sich die Stände der fliegenden Händler drängen.

Wie mit dem Lineal gezogen endet die Altstadt im Osten am Tundhikel, einer als Paradeplatz genutzten Freifläche. Jenseits leuchten die weißen Paläste der Rana-Herrscher, die sich an der europäischen Architektur des 19. Jahrhunderts orientierten und in bronzenen Reiterstandbildern verherrlichen ließen.

Im Norden Kathmandus hat sich in den letzten Jahrzehnten in unmittelbarer Nähe des neuen Königspalastes ein »Touristenviertel« entwickelt, in dem sich Individualreisende und Trekker treffen. Hier gibt es einfache Hotels und unzählige Restaurants mit dem unvermeidlichen Angebot an Müsli, Steak und Lasagne. Abends trifft man sich im »K. C.'s« zum Essen, um anschließend in der »Rum Doodle Bar« zu feiern oder auf der »German's Terrasse« deutsche Zeitschriften zu lesen. Man kann Bergstiefel und Rucksäcke leihen, Fahrräder für einen Ausflug in die Umgebung mieten, Vollkornbrot und esoterische Literatur kaufen, an Meditationskursen teilnehmen oder in einer der zahlreichen Reiseagenturen einen Trek oder gar eine Expedition buchen. Thamel ist zu einem kosmopolitischen Babel geworden, das sich ganz auf die Bedürfnisse der meist jungen Globetrotter eingestellt hat, ohne seinen Charme zu verlieren.

Touristen mit gehobeneren Ansprüchen residieren entlang der breiten Straßen

Links: Selbstgefärbte Wolle wird zum Trocknen aufgehängt; in Kathmandus Altstadt.

Oben: Jeden Tag verwandelt sich dieser kleine Platz in der Nähe des Durbar-Palastes bereits früh am Morgen in einen lebhaften Gemüsemarkt, auf dem die Kleinbauern der Umgebung ihre Produkte feilbieten.

'echts oben: Ein kleiner buddhistischer Schrein bewacht den Getreidemarkt von Kathmandu und erinnert daran, daß 'ier früher wohl einmal eine Klosternlage gestanden hat.

Rechts Mitte: Einige Gläser und Dosen 'it Süßigkeiten – und schon ist ein kleiner Straßenhandel eröffnet.

Rechts unten: Weder der mobile Friseur 'och sein Kunde lassen sich durch Passanten in diesem 'reiluftsalon» am Fuß 'ines Tempels stören.

Durbar Marg und Kantipath, wo bereits der legendäre Russe Boris Lissanevitch 1952 mit dem «Royal» das erste Hotel des Landes eröffnete. Die berühmte Hotelbar Yak & Yeti, an der sich die Nepalreisenden jener Tage trafen und so manche Expedition ihren feuchtfröhlichen Abschluß fand, lebt im Namen des neuen Hotels «Yak & Yeti» und seiner Bar, dem «Chimney Room» fort, in dem der alte Kamin einen Ehrenplatz gefunden hat. So versteht es Kathmandu bis heute, Tradition und Moderne zu verschmelzen, Neues aufzunehmen, ohne Althergebrachtes aufzugeben. Auch wenn die Umweltverschmutzung immer bedrohlichere Formen annimmt, Nepals Hauptstadt gehört nach wie vor zu den attraktivsten Metropolen Asiens.

DIE SHERPAS: MEHR ALS NUR LASTENTRÄGER

Es gibt kein Volk in Nepal, dessen Name bekannter ist als der der Sherpas: Sie gehören unbestritten zu den besten Bergsteigern der Welt und haben durch ihre Dienste vielen berühmten Expeditionen letztlich erst zum Erfolg verholfen.

Der Begriff Sherpa hat bereits seit geraumer Zeit auch in unserem Sprachgebrauch Eingang gefunden und wird für jene Zuarbeiter einflußreicher Politiker verwandt, die, ganz im Schatten ihres Herren stehend, einen bedeutenden Teil der täglichen Arbeit leisten.

Übernommen wurde diese Bedeutung von den Bergsteigern im Himalayagebiet, bei denen »Sherpa« schon seit längerem zum Synonym für Lastenträger geworden ist, ohne deren Hilfe die meisten Expeditionen nicht einmal bis zum Fuß der Berge vordringen könnten.

Der Name ist aber keineswegs eine Berufsbezeichnung, sondern benennt ein Volk, das überwiegend in den Hochregionen Nepals seine Heimat hat und etwa 30 000 Personen zählt. Etwa Mitte des 16. Jahrhunderts sind die ersten Gruppen von Tibet über den Nangpa-La nach Nepal eingewandert und ließen sich zunächst im Bhote-Kosi-Tal nieder. Wahrscheinlich stammt aus jener Zeit auch ihr Name, der aus dem tibetischen Shar-pa, »die aus dem Osten« abgeleitet wurde und sich auf die Region ihrer Herkunft, das osttibetische Kham Salmo Gang, bezieht. Ethnisch zählen die Sherpas zur mongoloiden Rasse der Bhotia, zu denen auch die Bewohner Mustangs und Dolpos gehören. Wichtige Klammer ihrer gemeinsamen Kultur ist der tibetische Buddhismus, der in Manimauern, Klöstern, Chörten und Gebetsfahnen seinen Ausdruck findet. Allmählich verbreiteten sich ihre kleinen Siedlungen entlang der Täler bis in Höhen von über 4000 Meter, wo noch bescheidener Ackerbau und etwas Viehzucht möglich waren. Die Sozialstruktur ist im wesentlichen von

Sherpa mit traditioneller Kiepe (doko).

den harten Lebensbedingungen geprägt, die allen Familienmitgliedern überdurchschnittliche Leistungen abverlangen. Im Gegensatz zu den Großfamilien des hinduistischen und islamischen Kulturkreises, in denen sich der einzelne den Normen der Gruppe bedingungslos zu unterwerfen hat, beschränken sich die sozialen Bindungen bei den Sherpas auf die eigene Familie und ermöglichen dadurch eine weitaus individuellere Lebensweise. Da die kargen Äcker und Weiden den Unterhalt der Familie nur selten zu sichern vermögen, sind die Männer oft monatelang auf Handelsreisen unterwegs oder verdingen sich als Träger bei Expeditionen und Trekkingagenturen. Die Frau sorgt dann in eigener Verantwortung für den Haushalt, die Erziehung der Kinder, die wirtschaftlichen Belange der Familie und hat sich dadurch ein in anderen Kulturen kaum vorstellbares Maß an Gleichberechtigung erworben. Auch vor der Ehe genießen die Mädchen seit jeher Freiheiten, die sie bei uns erst seit einigen Jahren ungestraft beanspruchen können. Flirts und voreheliche Liebesbeziehungen gehören ebenso zum Alltag der Sherpas wie die eigene Wahl des Ehepartners. Aber auch Scheidungen und nicht eingelöste Eheversprechen sind keine Seltenheit.

Für jeden Trekker ist es ein besonderes Erlebnis, die Sherpafrauen bei der Leitung einer Lodge zu erleben, ihre Liebenswürdigkeit, gepaart mit Selbstbewußtsein, Geschäftstüchtigkeit und Sorge um den Gast am eigenen Leib zu erfahren. Ihre Männer stehen bereits seit Jahrzehnten in Diensten ehrgeiziger Bergsteiger und ermöglichen ihnen den Weg zu den höchsten Gipfeln der Welt. Viele haben ihr Leben für die in ihren Augen nutzlosen Eroberungen geopfert, aber nur wenige sind so berühmt geworden wie die Bergsteiger selbst.

Blick in die Küche eines Sherpa-Hauses im Dorf Khumjung nördlich von Namche Bazar.

Träger befördern Lasten bis zu 40 Kilogramm.

Edmund Hillarys Begleiter bei der Erstbesteigung des Mount Everest, Tensing Norgay, ist in die Geschichte eingegangen, aber wer kennt schon Männer wie Pertemba Sherpa, der selbst dreimal auf dem Gipfel des Everest stand und als einer der besten Organisatoren großer Expeditionen gilt, oder Sudare Sherpa, der viermal den höchsten Berg der Welt bezwang?

Ein Sherpa-Mädchen im Festtagsschmuck beim Klosterfest in Tengboche.

Ein herrliches Panorama: Die alte Handelsstadt Tukche am Kali Gandaki; im Hintergrund die über 8000 Meter hohe Dhaulagiri-Kette.

Pilgerlager am heiligen Berg Kailash. Im Hintergrund erhebt sich das über 7000 Meter hohe Massiv der Gurla Mandata.

TIBET

Fotos und Text von Andreas Gruschke

Bis zum Horizont erstrecken sich die grandiosen tibetischen Gebirgslandschaften auf der Fahrt von Shigatse nach Nepal.

TIBET — GÖTTER, BERGE, HEILIGE SEEN

Pilger am Kailash. Nach buddhistischem Glauben soll ein Parikrama, eine rituelle Umwandlung des heiligen Berges, von allen Sünden befreien. 108 Umrundungen (je 55 Kilometer!) verheißen die Erlösung, das Nirwana, noch in diesem Leben.

Über seine schwierige Expedition nach Lhasa im Jahr 1938 schrieb Ernst Schäfer: «*›Lha Gyal Lo, Lha Gyal Lo!* – die Götter haben gesiegt‹, rufen die Tibeter, wenn sie einen hohen Gebirgspaß überschreiten, und sie verneigen sich vor der Allmacht der Berge. Der weiße Mann aber meint immer siegen zu müssen. Er sieht nicht den heiligen Schöpferwillen, der in dieser weltentrückten Wildnis herrscht.»

Mit Tibet ist das Flair sakraler Orte, insbesondere heiliger Berge und der «Stadt der Götter», Lhasa, so untrennbar verbunden, daß oft das gesamte Land und seine Menschen mit einer «Aura der Göttlichkeit» umgeben werden. Dabei ist man sich häufig weder völlig darüber im klaren, daß dieser sakrale Charakter keineswegs allein auf der Verbreitung der buddhistischen Religion beruht, noch über welchen Raum sich das «buddhistische heilige Land» wirklich ausdehnt. Zwar wird das tibetische Hochland von den Gebirgsketten Himalaya, Karakorum und Kunlun umrahmt und geographisch damit fest umrissen; ebenso deutet die Verbreitung lamaistischer Klöster über die Grenzen des Hochlandes hinweg an, welchen Einfluß die tibetische Religiosität selbst auf weiter entfernte Nachbargebiete ausübt – doch hilfreich für das Abstecken des Lebensraumes der Tibeter, geschweige denn einer geschlossenen tibetischen Nation, sind diese Kriterien nicht.

Tibeter verteilen sich über siebzig bis achtzig Prozent des Hochplateaus, und darüber hinaus sind sie in den angrenzenden Gebirgsregionen des Himalaya, der osttibetisch-chinesischen Randketten und des zur Seidenstraße blickenden Gebirgszuges Nan Shan zu finden. Neben ihrer Anhängerschaft zum tibetischen Buddhismus (im Westen oft Lamaismus genannt) – oder zur dieser Form des Buddhismus inzwischen nahestehenden Bön-Religion – zeichnet sie die unüberschaubar große Zahl der als heilig geltenden Berge und Seen aus. Die riesenhaften «Zuckerhüte», firnglitzernde, wahrlich majestätische Bergmassive, sind es, die die mystische Faszination des Schneelandes auf dem Dach der Welt vielfach begründen.

VON GEISTERN UND DÄMONEN

Die Natur auf dem Dach der Welt ist zwar grandios, aber auch unberechenbar. Im Angesicht der unglaublichen Weiten Tibets mit seinen Grassteppen und Sümpfen, hoch aufragenden Gebirgszügen und tiefblauen Seen reduziert sich die Größe des Menschen auf nahezu nichts. Aufgrund der trockenen, klaren Luft kann die Sicht 200 Kilometer und mehr betragen und dem Auge eine Fülle von Eindrücken ermöglichen, die nahe scheinen und aufgrund der Entfernung doch jenseits des Faßbaren bleiben. Kein Wunder, daß sich die Menschen, die dort oben leben, eigentümliche Erklärungsmodelle zurechtgelegt haben. Wer einmal

Aufstieg zum Weißen Palast des Potala, dem ehemaligen Wintersitz des Dalai Lama in Lhasa. Der Potala wurde im 17. Jahrhundert unter dem 5. Dalai Lama errichtet; sein Name stammt von einem Berg in Südindien, der als Wohnsitz Avalokiteshvaras, des Schutzheiligen Tibets, gilt.

Das Wahrzeichen Tibets: Der Potala scheint mit seinen weißen Stützmauern aus dem Marpori, dem Roten Berg, geradezu herauszuwachsen. Wie alle Sakralbauten im Himalaya ist der 117 Meter hohe Palast aus Holz, Stein und Erde, ohne einen einzigen Nagel erbaut.

auf den hohen, über 5000 Meter reichenden Pässen aus dem Touristenbus gestiegen ist und nach wenigen Schritten schon die Wirkung der dünnen Luft verspürt, wer wahrnimmt, wie sein Herz schneller schlägt, er schneller atmet und dabei von einem seltsamen, wenn auch euphorischen Schwindelgefühl gepackt wird, wer inmitten der grenzenlosen Weite die Hitze der Sonne im Genick spürt, während ihm ein eisiger Wind von vorn ins Gesicht bläst, der ist sehr viel schneller geneigt, diese uns so fremde Welt mit Geistern und Dämonen erfüllt anzusehen.

Nicht von ungefähr gliederte sich die Welt des tibetischen Altertums, der vorschriftlichen Periode, in drei Bereiche: den Himmel, den oberflächennahen Luftraum und die Unterwelt im Erdboden. Grundverschieden wie diese drei Sphären sind auch die unzähligen gutmütigen Geister und dämonischen Wesen, die sie nach tibetischem Glauben bis in die heutige Zeit bevölkern. Am Grund von Flüssen, Seen, Quellen und im feuchten Untergrund hausen die Lü, drachenähnliche Wassergeister in Schlangengestalt. Die »Erdherren«, Sadag, und die vampirartigen Sri bewohnen den eigentlichen Erdboden, während der Luftraum von den Tsen durchstreift wird. Als wilde und gepanzerte Jäger preschen die roten Dämonen im Galopp über die Berge. In Bäumen, in Gräben und im Felsgestein der Berge hausen die leicht reizbaren Nyen. Werden sie von den Menschen vernachlässigt oder respektlos behandelt, dann bringen sie Krankheit und Tod über sie. Bei der Vielzahl der Wesenheiten – Lü, Nyen, Sadag, Zelt-, Haus- und Herdgeister, Mu-Himmelsgeister sowie andere gute *(Lha)* und böse Geister *(Dre)* – verwundert es, daß

Der Jobo-Buddha im Jokhang-Tempel von Lhasa. Die lebensgroße Statue, die unter dem kostbaren Brokat und dem Schmuck aus Gold, Silber, Türkisen und Korallen fast verschwindet, ist die heiligste Figur in ganz Tibet.

Ein Besuch von Ganden vermittelt eine Vorstellung vom Ausmaß der Zerstörungen während der chinesischen Kulturrevolution (1966 – 1978): Innerhalb von kurzer Zeit wurde die in 500 Jahren erbaute Klosterstadt bis auf die Grundmauern zerstört. Inzwischen wurden einige Gebäude restauriert, und es kehrt langsam wieder Leben ein in Ganden.

überhaupt noch Platz für Menschen ist in Tibet. Zumal bislang eine wichtige Klasse, nämlich die der Berggottheiten, unerwähnt blieb. Unter ihnen sind die berühmtesten, deren Namen bis Europa vordrangen: Amnye Machen in Amdo, Minya Konka in Kham, Chomo Lhari im Himalaya und der Kailash in Westtibet. Die Verehrung, die ihnen zuteil wird, liegt in ihrer Bedeutung als lokale Ahnengötter begründet.

Thanglha, der Gott der mächtigsten zentraltibetischen Bergkette, gilt als Herr über die Nyen und wird daher als »Thanglha, der große Nyen« (Nyenchen Thanglha) angerufen. Sein Ansehen ist mit der Eingliederung als Schutzgottheit ins lamaistische Pantheon noch gestiegen. So verbindet sich in Tibet mit der Furcht vor den Gefahren der Bergwelt stets auch die Ehrfurcht vor ihren Gipfeln, denen als Gottheiten gehuldigt wird und die als sakrale Kräfte nun einmal nicht zu ignorieren sind. Ganz gemäß der tibetischen Weisheit, daß der Mahnung von Mutter und Tante, nicht in die Berge zu gehen, der weltoffene Mensch nicht folgen kann – denn wie sonst könnte man erfahren, wie es in der Welt aussieht?

Die Berge sind nicht nur Mittler zur Außenwelt, sondern auch zwischen den verschiedenen Welten. Als Verbindung zwischen den schon angesprochenen Sphären dienen die heiligen Berge gleich Himmelspfeilern. Als Weltenachsen haben sie Eingang in das philosophische Lehrgebäude des Buddhismus gefunden, insbesondere das irdische Abbild des mythischen Weltenberges Meru: der Kailash, den die Tibeter wegen seines ebenmäßigen, mit ewigem Schnee bedeckten Antlitzes Kang Rimpoche, das »Schneejuwel«, nennen. Von allen heiligen Bergen ist er der berühmteste, die Weltenachse schlechthin. Der Kailash gehört zu den schönsten und beeindruckendsten Gipfeln dieses Erdenrunds und ist als immanentes Abbild des Berges Meru nicht nur der heiligste Berg der Bönpos, den Anhängern der vorbuddhistischen Religion Tibets, sondern auch der tibetischen Buddhisten, der Hindus und der Jainas. Als Achse, die die verschiedenen Sphären miteinander verbindet, schlägt er zudem eine Brücke zwischen den diversen Weltanschauungen der Region.

KÖNIGE, DIE VOM HIMMEL STIEGEN

Im tibetischen Altertum galt der Himmel als unpersönliche, naturhafte Wirklichkeit, in der er überall präsent war, und als personifizierte Himmelsgottheit, wenn nicht gar als Schöpfergott und Himmelsvater. Seine

Geschäftiges Treiben auf dem Vorplatz des Jokhang in Lhasa, dem bedeutendsten Tempel Tibets.

DIE TIBETISCHE GÖTTERWELT

Die Zahl der in tibetischen Tempeln abgebildeten Götter ist ungeheuer. Was selbst für junge tibetische Mönche manchmal eine schwierige Aufgabe ist, scheint dem westlichen Besucher zunächst unmöglich – die Unterscheidung der einzelnen Götter. Im folgenden sind deshalb einige der wichtigsten Gottheiten und ihre Darstellung kurz erläutert.

Das unendlich scheinende Pantheon spiegelt die alte Götterwelt ebenso wider wie die Glaubensvorstellungen der verschiedenen Regionen Tibets, die in den aus Indien kommenden Mahayana-Buddhismus aufgenommen und verändert wurden. Das wesentliche Ziel der Buddhisten, aus dem leidvollen Kreislauf der Wiedergeburten befreit zu werden und in den Nirwana genannten Erlösungszustand einzugehen, konnte in der

ursprünglichen Form des Buddhismus nur von wenigen erreicht werden – nämlich jenen, die streng nach den Regeln der kanonischen Texte lebten. Daher wurde diese »Lehre der Alten« später abschätzend »Kleines Fahrzeug« (Hinayana) genannt. Im Gegensatz dazu eröffnete das »Große Fahrzeug« (Mahayana) mit Hilfe der Bodhisattvas als eine Art »Erlösungshelfer« allen Menschen den Weg zum Heil.

Zentrale Figur in kultischen Darstellungen ist Buddha Sakyamuni, der als historischer Buddha Siddharta Gautama etwa 500 v. Chr. in Indien wirkte und den Buddhismus begründete. Die häufigste Darstellung zeigt ihn in Meditationshaltung im Lotussitz mit der für die Mönche typischen Bettelschale in Händen. In den meisten Klöstern findet sich darüber hinaus eine große Zahl von Wandmalereien, die sein Leben zeigen. Weitere Buddhadarstellungen in vielfältiger Form deuten an, daß es zu verschiedenen Zeitaltern andere historische, also wirklich existiert habende Buddhas gegeben hat, während die sogenannten »transzendenten Buddhas« als Verkörperungen verschiedener Aspekte des Buddha-Prinzips aufzufassen sind. Die wichtigsten – Amitabha, Akshobhya, Vairochana, Ratnasambhava und Amoghasiddhi – werden häufig in Fünfergruppen dargestellt und verschiedenen Weltgegenden (den vier Himmelsrichtungen und der Mitte) zugeordnet.

Neben Sakyamuni werden vor allem zwei weitere historische Persönlichkeiten mit dem Rang eines Buddhas, eines »Erleuchteten«, verehrt: der indische Guru Padmasambhava, der im 8. Jahrhundert dem Buddhismus in Tibet zum Durchbruch verhalf, und der Reformator Tsongkhapa, der im 15. Jahrhundert die Gelugpa-Schule begründet hat.

Ein Bodhisattva ist ein auf dem Erleuchtungsweg Fortgeschrittener, der jedoch zum Heil aller Unerlösten auf den Eintritt ins Nirwana verzichtet. Der in Tibet bedeutendste unter ihnen ist Avalokiteshvara (tibetisch Chenresi), dessen verstärktes Bemühen um die Erlösung

Oben: Avalokiteshvara (tibetisch Chenresi) gilt als Verkörperung des Mitleids und ist der am meisten verehrte Bodhisattva (Erlösungshelfer) in Tibet (Malerei in der Maitreya-Halle von Te Hor, Kandse).

Links: Maitreya ist der Buddha des kommenden Zeitalters. Sein Gesichtsausdruck ist stets gütig, nie furchterregend (Statue im Jokhang von Lhasa).

Unten: Virudhaka, einer der vier Lokapalas, die als Hüter der Himmelsrichtungen am mythischen Berg Meru wohnen. Den hier abgebildeten Wächterkönig des Südens erkennt man an seiner blauen Körperfarbe und dem Schwert (Malerei im Kloster Dechen, Amdo).

anderer durch die »tausend Arme und tausend Augen« seiner häufig elfköpfigen Darstellungsform ausgedrückt wird. Daneben gehören in Tibet Manjushri, der Bodhisattva der Weisheit mit dem das Licht der Finsternis zerteilenden Flammenschwert, der diamantzepterschwingende Vajrapani und die verschiedenen Formen des weiblichen Bodhisattva Tara zu den am meisten verehrten.

Durchaus ähnlich großer Wertschätzung erfreuen sich trotz ihres furchterregenden Aussehens die Dharmapalas – die »Beschützer der Lehre«, die teils auf hinduistische Vorbilder, teils auf alte tibetische Bön-Götter zurückgehen. Sie gelten

Neben Bewußtseinszuständen werden auch esoterische Schriften als göttliche Wesenheiten ideiert, die als vielarmige tantrische Götter in geschlechtlicher Vereinigung mit ihrer weiblichen Entsprechung dargestellt werden und so die Aufhebung der Polaritäten symbolisieren (Yab-Yum). Die bekanntesten unter diesen Gottheiten sind Kalachakra, Samvara und Hevajra.

So wie viele der göttlichen Wesenheiten lediglich verschiedene Äußerungen desselben Prinzips, Manifestationen der Gottheiten sind, können diese transzendenten Wesenheiten als irdische Verkörperungen auftreten – als die sogenannten

sattva-Beistand dem Erlösungsziel näherzubringen. Daher ist ihr irdischer Tod nicht mit dem buddhistischen Verlöschen und Eingang ins Nirwana gleichzusetzen. Während ihr irdischer Körper stirbt, manifestiert sich der Tulku nach einer gewissen (in aller Regel relativ kurzen) Zeit wieder in einem Neugeborenen. Dessen Erlösungswissen wird durch die entsprechenden Rahmenbedingungen – nämlich die Aufnahme ins Kloster und die Ausbildung dort – schnell aktiviert und zum Segen der Gläubigen verfügbar. Der Segen dieser Inkarnationen ist mehr als nur psychologischer Beistand: Als Manifestation des Bodhisattva Avalokiteshvara

Links: Erst relativ spät, etwa im 8. Jahrhundert, wurden auch weibliche Gottheiten, meist Abwandlungen hinduistischer Göttinnen, in das buddhistische Pantheon aufgenommen. Tara (tibetisch Dölma), »die Retterin«, ist eine der meistverehrten Göttinnen in Tibet. Von ihren 21 Erscheinungsformen sind die Weiße und die Grüne Tara (im Bild) am populärsten, die Verkörperungen der Liebe darstellen (Malerei im Kloster Rongwo).

meist als zornvolle Aspekte von Bodhisattvas, die dieses furchterregende Aussehen nur für den Kampf gegen Feinde der (buddhistischen) Lehre angenommen haben. In Tibet wird man vor allem dem stierhäuptigen Yamantaka, dem »mit dem Pferdekopf versehenen« Hayagriva, der auf einem Maultier reitenden Pälden Lhamo und Mahakala, dem »Großen Schwarzen«, begegnen.

Inkarnationen, deren bekannteste der Dalai und der Panchen Lama sowie der Karmapa sind. Solche Verkörperungen des Buddha(prinzips) werden im Tibetischen *Tulku* genannt (»Körper der Verwandlung«) und verehrungsvoll als *Rimpoche* (»Kostbarer«) angesprochen. Sie inkarnieren sich mitleidsvoll zu dem Zweck, den unerlösten Wesen beizustehen, sie durch Belehrung und Bodhi-

kann der Dalai Lama von seinem eigenen guten Karma auf andere übertragen, das heißt, den Gläubigen auf seinem Weg zur Erlösung wahrhaft vorwärtsbringen. Der Panchen Lama gilt als Erscheinungsform des Buddha Amitabha. Auch weibliche Gottheiten, insbesondere Dakinis, inkarnieren sich. Die bekannteste weibliche Inkarnation ist Dorje Pagmo, die einstige Äbtissin des Klosters Samding.

Die vergoldeten Kupferdächer de Jokhang-Tempels in Lhasa. Im Hin tergrund links erkennt man da von zwei Gazel- len flankierte Ra der Lehre, das a Buddhas erste Predigt im Gaze lenhain von Benares in Indie erinnert.

Im Potala-Palast von Lhasa – einem Labyrinth aus ineinander verschachtelten Tempel- und Wohnräumen, Kapellen, Terrassen und Hallen. Über tausend Räume soll der dreizehnstöckige Palast haben.

Gesichter Tibets: Pilger am Barkhor von Lhasa schwingen Gebetsmühlen, um den Segen der Götter (oben) oder eine milde Gabe (unten) zu erbitten; alter Mönch (Mitte) in Ganden, das einst eines der mächtigsten Klöster Tibets war.

Rolle als übergeordnete, legitimierende Macht wird deutlich in den Mythen der frühen Yarlung-Dynastie, denen zufolge die ersten sieben Könige an einem himmlischen Seil auf die Erde – und zwar über die Spitzen markanter Berge – herabstiegen. Diese unmittelbare Beziehung zwischen «sakralen Bergen» und dem Königtum oder den Stammesführern betont die Bedeutung der Berge, die nicht als Element der Natur heilig sind, sondern aufgrund der Tatsache, daß die göttlichen Ahnen ihren Sitz auf den Gipfeln genommen haben. In dieser Aufgabe als mythische Vorfahren der einheimischen Bevölkerung wird verständlich, weshalb sie wiederholt den Lauf der Geschichte gelenkt haben – sei es, daß die himmlischen Herrscher über sie zu ihrem Volk hinabgestiegen sind oder sie sich gegen neue, von außen über «ihr Land» hereinbrechende Einflüsse wehrten. So wird von allen bedeutenden Berggöttern des alten Tibet berichtet, daß sie sich dem aus Indien ins Schneeland gekommenen Religionslehrer Padmasambhava entgegenstellten und der Verbreitung des Buddhismus widersetzten. Allein die magischen Fähigkeiten des indischen Gurus ermöglichten die Unterwerfung der mächtigen Berggötter. Der Sieg über sie wurde in Tibet nur dadurch vollkommen, daß die unterlegenen Götter nicht zerstört, sondern verschont wurden und in der neuen Ordnung ihren gestalterischen Platz erhielten. Und indem sich diese Ordnung über das Hochland ausbreitete, nahm die Zahl der Berggötter in dem Maß zu, in dem sich die Untertanen des angehenden Großreiches Tibet vermehrten.

Mit Blick auf die Himmelsrichtungen verehrten die Tibeter der frühen Königszeit vier heilige Berge. Deren Lage macht uns deutlich, welchen Raum das «klassische Tibet» der ersten Jahrtausendhälfte umfaßte. Im Osten residierte Yarlha Shampo auf dem gleichnamigen Berg im Yarlung-Tal – dort, wo der erste König Nyatri Tsenpo im 2. Jahrhundert v. Chr. am himmlischen Seil herabgestiegen war. Nahe der heutigen Grenze zu Bhutan sitzt die südliche dieser vier Berggottheiten auf dem Eisriesen Kula Kangri, während im Westen der «Herr der Genien», Nöjin Kangsang, über die vielbegangene Paßstraße wacht, die vom türkisfarbenen Yamdrok-See hinüber ins Handelsstädtchen Gyantse führt. Mit dem schon genannten Nyenchen Thanglha rundet sich das Gebiet ab, welches die frühen Yarlung-Herrscher kontrollierten: Ausgehend von ihrem Heimat-Tal südlich des Tsangpo-Flusses, umfaßte es die Gegend um den Yamdrok-See, die zentralen Bergregionen Südtibets über das Kyichu-Tal um Lhasa bis an den Rand der unendlichen Hochebenen des Changthang.

Das aufstrebende tibetische Königreich war damit noch weit entfernt von der Ausdehnung, die es wenige Zeit später unter Großkönigen wie Songtsen Gampo

und Trisong Detsen erlangen sollte. Durch Bündnisheiraten und geschickte Diplomatie gelang es diesen Herrschern im 7. und 8. Jahrhundert, ihre Machtsphäre allmählich auszudehnen, bis ihre Reiterscharen nicht mehr nur das gesamte Hochland überschwemmten, sondern auch in die dem Gebirgsfuß vorgelagerten fruchtbaren Ebenen vorstießen. Einer unerbittlichen göttlichen Heimsuchung muß es geglichen haben, als tibetische Krieger vor rund 1300 Jahren über die Eisriesen der Tibet begrenzenden Randgebirge in die Oasen an der Seidenstraße vorstießen, die Ganges-Ebene

Traditionelles Boot aus Yakhaut auf dem Yamdrok-See. Während der Kulturrevolution verboten, sieht man die kastenförmigen Boote heute wieder öfter. Sie sind so leicht, daß sie von einer Person getragen werden können.

eroberten und 763 sogar vorübergehend Chinas Hauptstadt Chang'an besetzten. Damit waren drei grundverschiedene, weit auseinanderliegende Regionen – Indien, China und Zentralasien – miteinander in unmittelbare Verbindung gekommen, nämlich dadurch, daß Teile ihres Territoriums zu Randprovinzen eines dynamischen innerasiatischen Hochlandreiches wurden.

VERWIRRENDE NAMENSVIELFALT EINES VOLKES

Der Größe Tibets ist es zu verdanken, daß das Land und seine Bewohner unter sehr unterschiedlichen Namen bekannt wurden – je nachdem, welche benachbarten Völkerschaften von ihnen berichteten. Im Himalaya wohnen Ethnien, die verwandte Sprachen sprechen und daher den Eigennamen der Tibeter – *Bodpa* (sprich: Böpa) – am authentischsten weitervermittelten. Von den indischen und nepalesischen Nachbarn werden die tibetischen Stämme Bhotia genannt, was dem buddhistischen »Drachenland« Druk-Yül im Ost-Himalaya den Fremdnamen Bhutan einbrachte. In ähnlicher Weise ist uns der Name des in Hochasien gelegenen Landes über türkisch-mongolische Völker als Töböt oder Tübet vermittelt worden. Andere Reisende wie Pater Grueber (siehe Seite 129) näherten sich dem inzwischen als Tibet bekannten Hochland von der chinesischen Ost- bzw. mongolischen Nordostseite. Aus diesem Grund übernahmen sie die Bezeichnungen Tangut bzw. Hsifan für die tibetischen Stämme in Amdo, die bis weit ins 20. Jahrhundert hinein überliefert wurden.

All das führt uns deutlich die ungeheuren Ausmaße des dünnbesiedelten Schneelandes vor Augen, das zu groß ist, um das in seinen Steppen und Tälern verstreute Volk mit einem einheitlichen Namen zu benennen. Gleichwohl erhärtet sich auch der Eindruck, daß die kulturellen Unterschiede zwischen verschiedenen tibetischen Regionen und deren Bewohnern beträchtlich sein müssen. Ihre äußerst ungleichen Dialekte mögen zwar einer einheitlichen Sprache zugehören, doch in Physiognomie und Tracht sind die in den diversen Regionen Tibets heimischen Stämme sehr facettenreich. Am prägnantesten unterscheiden sich die in den Tälern seßhaften Ackerbauern Amdos und Südtibets von den über das ganze Innere des zentralen Hochplateaus verbreiteten Nomaden.

SONNENVERWÖHNTES SCHNEELAND

In den Weiten des durchschnittlich über 4500 Meter liegenden Changthang leben Viehzüchternomaden unter den Bedingungen eines Klimas, das mit der Wendung »ein Tag, vier Jahreszeiten« treffend gekennzeichnet wird. Die Hirten sind es gewohnt, stürmisches Schneetreiben und gleißende Sonne, Regen und Hagelschauer im Lauf eines einzigen Tages zu erleben, so daß sie sich davon nicht im geringsten beeinflussen lassen. Daß die Tibeter ihre sonnenverwöhnte Heimat selbst als Schneeland bezeichnen, drückt die Wechselhaftigkeit in markanter Weise aus, denn außer der Sahara genießt und erleidet keine andere Region unserer Erde mehr Sonnenschein. Große Schneemengen sind eher selten, aber dafür ist Schneefall fast das ganze Jahr hindurch ein alltägliches Ereignis.

Für das tibetische Klima bezeichnend ist indessen nicht das Extrem des einen oder anderen Klimafaktors, sondern vielmehr der häufige Wechsel zwischen all

Gebetsfahnen am Nam Tso, mit einer Fläche von knapp 2000 Quadratkilometern der größte See Zentraltibets. Im Hintergrund erhebt sich die Gebirgskette des Nyenchen Thanglha, Sitz des gleichnamigen mächtigen Berggottes.

Schafe am Yamdrok-See in Südtibet. Noch immer leben die meisten Tibeter von Viehzucht und Ackerbau.

Blick auf Gyantse mit dem berühmten Kumbum-Chörten, dem »Stupa der hunderttausend Bildnisse« (rechts).

Das Dorf Rinchentse liegt in einem fruchtbaren Seitental des Transhimalaya. Dieser vom Forschungsreisender Sven Hedin so benannte Gebirgszug verläuft mit einer mittleren Kammhöhe von 5500 bis 6000 Metern weitgehend parallel zum Himalaya von Westen nach Osten.

seinen Spielarten. Das eigenartige Zusammenspiel von Sonne, Wind, Eiseskälte, Schneegestöber und Trockenheit war gerade für die nach Tibet gelangten Fremden besonders bemerkenswert. »Endlich steht er auf der Höhe des tibetischen Grenzpasses, des Lipulekh«, beschrieb Lama Govinda den Weg des Pilgers zum westtibetischen Kailash, »im eisigen Nebel der ewigen Monsunwolke, die den Paß während des Sommerhalbjahres bedeckt. Kaum aber hat er den Paß überschritten, da hebt sich der Wolkenvorhang, und vor seinen erstaunten Augen liegt ein Land der Sonne, dessen Berge nichts mehr von der düsteren Schwere und Melancholie des monsunbestürmten Himalaya haben, sondern aus den reinsten, fast transparenten Pastellfarben gewoben zu sein scheinen. Gelbe, orangefarbene, rote und violette Töne stehen gegen einen tiefblausamtenen Himmel. Der Kontrast zu allem bisher Gesehenen ist so überraschend, daß der Pilger die drohende dunkle Wolke, die noch über seinem Haupt hängt und ihn mit eisigem Atem anhaucht, kaum bemerkt.«

Teepause bei der Feldarbeit in Namling. Buttertee und Tsampa, der traditionelle Gerstenbrei, versorgen den Körper mit allem, was er in dem kalten Höhenklima braucht: Flüssigkeit und Fette, Kohlenhydrate und Salz.

Im Gegensatz zur nomadischen Bevölkerung unterlagen die Bauern Zentral- und Osttibets im Lauf der Geschichte grundverschiedenen Völkerverschiebungen. Das tibetische Herzland umfaßt im wesentlichen die im südlichen Teil des Hochlandes gelegenen klassischen Kernprovinzen Ü, die Region um Lhasa, sowie Tsang, das Gebiet um Shigatse, und Lhokha mit dem Yarlung-Tal. Der ferne Westen, Ngari, der in früher Zeit einmal Ladakh mit einschloß, gehört wie der westliche Teil Khams zur 1965 von den Chinesen eingerichteten Autonomen Region Tibet. Jenseits von dessen Grenzen liegen noch rund eine Million Quadratkilometer Hoch-

Camp bei Namoche im Transhimalaya. Wer hier unterwegs ist, muß sich auf extreme Temperaturunterschiede innerhalb eines Tages einstellen und – auch im Sommer – auf bitterkalte Nächte.

land, wo mehr Tibeter leben als in der zentraltibetischen Autonomen Region selbst, allerdings auch noch etliche andere Völkerschaften, die ethnisch weder Han-Chinesen noch Tibeter sind. Pauschal werden jene Gebiete als die Provinzen Amdo und Kham bezeichnet, während sie in tibetischen Schriften nur als *Dokham Kangsum* vom Kernland abgehoben werden und keine spezifischen Verwaltungsgrenzen als eigene Provinzen kannten. Nimmt man sie jedoch als naturräumlich definierte Kulturprovinzen, wird mit Amdo Nordosttibet umrissen: mit dem größten Teil der chinesischen Provinz Qinghai sowie je einem beträchtlichen Stück von Gansu und Sichuan. Was die Menschen in Lhasa als Kham betrachten, umfaßt den südöstlichen Zipfel Qinghais, den Osten der Autonomen Region Tibet, die gebirgige Westhälfte von Sichuan und die Nordwestecke von Yunnan. Geographisch vom Stammland um Lhasa abgekoppelt, waren weite Gebiete in Amdo muslimischen oder chinesischen Machthabern unterworfen, während Kham in eine große Zahl quasiselbständiger Kleinfürstentümer aufgegliedert war. Das wesentliche einende Moment ist – außer Schrift und Sprache – die tibetische Form des Buddhismus, die sich freilich auch in der Mongolei durchgesetzt und vielerorts im chinesischen Kaiserreich verbreitet hatte.

HELDENKRIEGER, HOHE GELEHRTE UND WEISE STAATSMÄNNER

Erst mit der Einführung der Schrift im 7. Jahrhundert rückte das Schneeland ins Licht der Geschichte. In manchen Büchern wird mit 127 v. Chr. zwar ein exaktes Datum für die Entwicklung eines unabhängigen Tibet

In den Straßen von Shigatse werden beliebte tibetische Souvenirs wie Ketten, Ringe und Armreife mit (einheimischen) Türkisen und (importierten) Korallen sowie Amulettkästchen, Gebetsmühlen und Thangkas verkauft.

genannt, doch täuscht dies darüber hinweg, daß diese Jahreszahl ein Konstrukt ist, welches mit Hilfe der erst 800 Jahre später in den »Königsannalen« aufgezeichneten Mythen und Legenden zurückgerechnet wurde. Tatsächlich existierte vor der Zeitenwende kein einheitliches Reich auf dem Hochland. Allemal wurden kleinere Fürstentümer im Süden, die sich auf eine autochthone Bauernbevölkerung stützten, durch Nomadenvölker bedrängt, die von Nordosten her einwanderten. Diese hatten noch vor dem Aufkommen der südtibetischen Königsdynastie im Yarlung-Tal ein eigenes Reich Shangshung gegründet, das lange Zeit in den Bereich des Mythos verwiesen wurde, aber immer mehr an Historizität gewinnt.

Wird die Frühzeit der tibetischen Geschichte allenfalls durch Mythen etwas erhellt, so nimmt die Historiographie mit der Schrifteinführung sehr viel deutlichere Züge an. Dabei darf man nicht übersehen, daß die Geschichtsschreibung Tibets seit Anbeginn im Dienst der buddhistischen Lehre stand. Kerngedanke ihrer Darstellungen ist es zu überliefern, welche Persönlichkeiten sich um die Verbreitung des Buddhismus verdient gemacht haben und auf welche Weise dies geschah. Die Landesgeschichte erscheint im Vergleich zur Chronik der Durchsetzung der buddhistischen Lehre nebensächlich. Von überragender Bedeutung sind daher die Herrscher und Religionsgelehrten, die sich für die Missionierung des Schneelandes und seiner Nachbarvölker einsetzten. In gewisser Weise ist die tibetische Geschichte damit eine Personalgeschichte, die sich durch wenige Namen außergewöhnlicher, im nachhinein fast durchweg vergöttlichter Menschen festmachen läßt: Songtsen Gampo, Wencheng und Bhrikuti, Trisong Detsen und Rälpachen; Padmasambhava, Atisha und Rinchen Sangpo, Marpa und Milarepa, Sakya Pandita und Pagpa, Tsongkhapa und der »Große Fünfte« sowie der 13. Dalai Lama.

Außerdem erscheinen in diesem Zusammenhang zwei weitere Namen, die für Tibet von großer Bedeutung sind: jene des Kriegshelden Gesar und des Bön-Stifters Shenrab. Sowohl der Sagenschatz des über sein Reich Ling herrschenden und im Volk überaus beliebten Heldenkönigs Gesar als auch die Lebensgeschichte des Shenrab, die wie eine Kopie der Buddha-Vita anmutet, haben sich nicht in den orthodoxen Annalen niedergeschlagen. Doch scheinen die beiden Gestalten, die Wesen und Denken der Tibeter bis heute beeinflussen, gleichwohl außerhalb der Geschichte zu stehen. Wir sollten sie als Zeugnisse der geschichtlichen Auseinandersetzung einheimischer Glaubensformen mit der später eingedrungenen buddhistischen Lehre und Weltkonzeption ernster nehmen, als es gemeinhin getan wird. Das Ideal des tapferen Kriegers und der

Oben und Mitte: Maskentänze im Kloster Tashilhunpo bei Shigatse. Alle Darsteller sind Mönche; die Rollen werden je nach tänzerischer Begabung und körperlicher Konstitution vergeben, denn einige Masken und Kostüme haben ein beträchtliches Gewicht.

Unten: Ein Mönch der Schule der Gelugpa, der »Tugendhaften«, die wegen ihrer Ordenskappen auch Gelbmützenmönche genannt werden.

In der Klosterstadt Tashilhunpo, die mit ihren schmalen, verwinkelten Gassen, den lachsrot und weiß getünchten Häusern, den schwarz umrandeten Fenstern und den goldenen Dächern als eine der schönsten religiösen Anlagen Tibets gilt. Tashilhunpo ist das Stammkloster des Panchen Lama, der als Verkörperung des Amitabha-Buddhas neben dem Dalai Lama die bedeutendste Inkarnation in Tibet ist.

Hinter der Hochebene bei Tingri erhebt sich majestätisch der Himalaya mit dem Cho Oyu (Mitte).

1

CHANGTHANG

Eine Reise durch die »Wildyaksteppe«

Der Changthang gehört zu den klimatisch extremsten Gebieten Tibets: Die durchschnittliche Jahrestemperatur beträgt minus fünf Grad, im Winter sinkt das Thermometer bis auf minus vierzig Grad, und eisige Winde peitschen über die Hochebenen. Noch kaum von der Zivilisation berührt, ist der Changthang eines der größten Naturreservate Asiens.

2

Die »nördlichen Ebenen«, wie Changthang übersetzt wird, sind bei weitem nicht nur eben, sondern durchzogen von Bergketten, die – wie die zahlreichen Seen – mit mehr Dämonen und Geistern bevölkert scheinen als mit Menschen. In Zusammenarbeit mit amerikanischen Zoologen haben chinesische Behörden dort den größten Nationalpark Asiens eingerichtet. Eine gute Woche ist man von Lhasa unterwegs, um die bezaubernden Landschaften des nordtibetischen Changthang und seine Tierwelt zu erleben.

Eines der schönsten Wildtiere, die es im Changthang zu sehen gibt, ist der Kiang, wie der tibetische Name des auf dem Hochland heimischen Wildesels lautet. Eigentlich ist es ein Halbesel, der von der Statur dem Pferd recht nahesteht. Mit mattrotem Rücken, cremefarbenen Flanken und weißem Bauch sind die Tiere in der sommerlich grünen Steppe verhältnismäßig gut zu erkennen. Die mehr neugierig als scheuen Kiangs traben gerne – mit hoch erhobenem Kopf – in mäßiger Distanz neben Fahrzeugen her und fordern diese ab und an auch zu einem kleinen Wettrennen heraus.

In der – vom früheren Forschungsreisenden Ernst Schäfer so benannten – »Wildyaksteppe« leben noch zahlreiche andere Tierarten. Neben Wildyaks gibt es Antilopen und tibetische Wildschafe, Wölfe und Braunbären, und es wimmelt von Nagern und kleinen Echsen. Die reiche Vogelwelt ist mit Steppenhühnern, Adlern, Bussarden, Wildgänsen, Kranichen und Riesenschneefinken vertreten. Dort, wo die Tiere die saftigsten Weiden vorfinden – in den südlichen und mittleren Steppengebieten des Changthang sowie in Nordosttibet –, gaben zwei weitere Tierarten dazu Anlaß, diese Zonen als »Gazellen-« bzw. »Kiangsteppe« zu bezeichnen. Durch die abwechslungsreiche Landschaft dieser Gebiete ziehen kleine Herden von Tibetantilopen, Gazellen und Kiangs, die in Rudeln von zwanzig bis hundert Tieren auftreten. Wölfe, Luchse und Füchse machen Jagd auf die hier in großen Massen lebenden Pfeifhasen wie auch auf Gazellen und Antilopen, deren trächtige Weibchen im Juni weit nach Norden ins tibetische »Niemandsland« ziehen.

Eine Fahrt in den Changthang ist alles andere als eine einfache Reise – sie ist ein Abenteuer. Von schlechten Straßen brauchen wir nicht zu reden, da es keine gibt. Allenfalls durch Reifenspuren im oft vom Regen aufgeweichten Steppenboden sind in einsamen Landschaften Pisten zu entdecken. In dieser herbschönen, widrigen Natur erwacht das Verständnis dafür, daß der Dämonenglaube auf dem Dach der Welt so ausgeprägt ist. Changthang, das ist die Unendlichkeit des Hochlandes, eine großartige Landschaft mit Grassteppen und Sümpfen, Gebirgszügen und Seen. Changthang bedeutet Schneesturm und Sonnenbrand, Regenschauer und Dürre innerhalb weniger Stunden und grenzenlose stille Weiten. Changthang heißt auch, tagelang nur wenige Men-

3

4

1 *Kiangs, tibetische Wildesel.*

2 *Einige Lehmhütten und -mauern bei Gertse dienen den Nomaden und ihren Herden bei plötzlichen Witterungseinbrüchen im Sommer als Schutzquartier.*

3 *Yaks im Kreis Tsochen. Diese extrem widerstandsfähigen Grunzochsen fühlen sich erst ab einer Höhe von 3000 Metern wohl.*

4 *Nomade in der Nähe von Ombu.*

schen zu treffen, aber dafür einer einzigartigen Tierwelt zu begegnen. Auf 4500 Meter Höhe inmitten öder Wildnis, wunderbar an türkisblauen Seen gelegen, erscheinen kleine tibetische Ackerbausiedlungen, die wie ein winziges Shangri La, ein irdisches Paradies, abgeschottet vom Rest der Welt im geographischen Zentrum der Autonomen Region Tibet liegen: Dangchung und Ombu.

Mit einer Fläche von knapp 300 000 Quadratkilometern ist der nahe Changthang-Naturpark – nach dem Grönland-Nationalpark das zweitgrößte Schutzgebiet der Welt – kaum kleiner als Deutschland. Ein faszinierendes Mosaik wilder Tiere und Pflanzen soll der Menschheit hier bewahrt werden. Der Schutz der riesigen Gebiete wirft nicht zuletzt aufgrund ihrer Abgeschiedenheit kaum zu bewältigende Probleme auf. Wilderer, ja selbst tibetische Nomaden, die aufgrund ihrer buddhistischen Lebenshaltung eigentlich keine Tiere töten dürften, machen Jagd auf geschützte Tiere. Dabei wildern meist Hirten, die mit ihren eigenen Herden keine glückliche Hand hatten, oder solche, die die Jagd als Möglichkeit zur Bereicherung entdeckt haben.

Auf die vielfältigen Schwierigkeiten der Einrichtung des Changthang-Naturparks haben sich die Behörden durchaus vorbereitet. Zu diesem Zweck war eine sorgfältige Erkundung der Region durch tibetische und chinesische Naturkundler vorausgegangen. Zusammen mit dem erfahrenen amerikanischen Zoologen George Schaller, dem wissenschaftlichen Direktor der Wildlife Conservation Society in New York, hatten sie bis Anfang der achtziger Jahre auf fünf mehrmonatigen Erkundungstouren Abertausende Kilometer in Jeeps und auf Kamelen zurückgelegt.

Die Steppenvegetation im Herzen des Changthang reicht teilweise weit über 5500 Meter Höhe hinauf. Nördlich des Transhimalaya sind die Pflanzen an den hohen Salzgehalt der abflußlosen Seen und der sie umgebenden Böden angepaßt. Die schüttere Vegetation bietet Antilopen und Wildyaks eine ausreichende Nahrungsgrundlage, solange nicht die Herden der Nomaden mit ihnen konkurrieren. Der wesentliche Grund für das Schrumpfen der Wildyakpopulationen ist die im 20. Jahrhundert aufgekommene Jagd mit modernen Schußwaffen. In den ersten Jahrzehnten drohten sowohl moslemische Berufsjäger als auch manche der im Changthang lebenden Nomadenstämme den Wildyaks jenes Schicksal zu bereiten, das die nordamerikanischen Bisons schon ereilt hatte. Nach dem Einmarsch der chinesischen Armee in Zentraltibet setzten Militärangehörige, Lastwagenfahrer und Behördenvertreter die Jagd gnadenlos fort, und die einsamen Weiten des Hochlandes liefen Gefahr, in eine leere Ödnis ohne Leben verwandelt zu werden. In jüngster Zeit hat sich jedoch glücklicherweise ein ökologisches Verantwortungsbewußtsein entwickelt, und neben anderen Tierarten steht inzwischen auch der tibetische Wildyak unter strengem Schutz.

6

5

5 *Nomadenfamilie im Changthang. Die unwirtlichen Hochebenen, die keinen Ackerbau zulassen, sind der Lebensraum der Viehzüchternomaden. Hier leben sie meist völlig abgeschieden und erzeugen (fast) alles selbst, was sie verbrauchen.*

6 *Blick über die einfachen Gebetsmühlen eines Hausdaches in Dangchung.*

Kang Rimpoche – Schneejuwel – nennen die Tibeter ihren heiligsten Berg, den Kailash (oben und unten). Die Buddhisten sehen in ihm den Berg Meru, den mythischen Berg im Zentrum des Kosmos, die Weltenachse, die das Reich der Götter mit dem der Menschen verbindet. Vier der größten Flüsse Asiens entspringen in seiner Nähe und fließen wie die Speichen eines Rades in die vier Himmelsrichtungen: der Tsangpo nach Osten, der Indus nach Norden, der Sutlej nach Westen und der Karnali nach Süden.

völlig frei und ungebunden lebenden Hirtenvölker sowie der Gedanke an einen autochthonen Religionsstifter sind überaus wichtig für das Verständnis Tibets.

Der noch im Yarlung-Tal geborene König Songtsen Gampo, der von 629 bis 650 regierte und mit dem die Geschichte Tibets den Boden der Schriftlichkeit tastend betritt, verlegte das politische Machtzentrum nordwestwärts ins Tal des Flusses Kyichu. Nach 641 wurde dort unter dem Einfluß seiner nepalesischen und chinesischen Gattinnen der Jokhang-Tempel als bis heute bedeutendstes buddhistisches Heiligtum Tibets gegründet. Unter Songtsen Gampos Nachfolgern ragten zwei weitere, wegen ihrer Bedeutung für die buddhistische Mission «Religionskönige» genannte Herrscher, Trisong Detsen und Rälpachen, besonders heraus. Sie festigten Tibets Position als größte Militärmacht Zentralasiens, die eineinhalb Jahrhunderte lang Nordindien, Kaschmir, Ostturkestan und die südliche Gobi beherrschte. Trisong Detsens Beitrag zur Verbreitung des Buddhismus bestand darin, daß er im 8. Jahrhundert den indischen Tantriker Padmasambhava in sein Reich einlud und damit die Gründung des ersten Klosters in Tibet ermöglichte. Denn die Überlieferung berichtet, wie die Klosterbaustelle nächtens immer wieder von Dämonen heimgesucht wurde, die den Fortgang der Arbeiten behinderten und sabotierten. Daher beschloß man, den berühmten Guru Padmasambhava, dessen magische Fähigkeiten weit über die Grenzen seiner Heimat hinaus gerühmt wurden, um Beistand zu bitten. Dem Weisen und Magier gelang es, die Dämonen zu bannen und sie für die Lehre in die Pflicht zu nehmen. Auf sein Wirken hin nahmen die vormals feindselig gestimmten Kräfte nicht nur an der Fertigstellung des Klosters Samye teil, sondern fortan machten sie es sich zur Aufgabe, die buddhistischen Gläubigen vor Anfeindungen zu schützen. Als «Ressortgottheiten» haben sie das lamaistische Pantheon schließlich ungemein bereichert.

König Rälpachens Verdienst um die Geistlichkeit wird in den Annalen betont. Daß er erbliche Regierungsposten der Aristokratie mit Mönchen besetzte, führte um 838 zu seiner Ermordung durch unzufriedene Adlige. Sein Nachfolger Langdarma hing dem alten Bön-Glauben an und löste die erste große Buddhistenverfolgung in Tibet aus, welche die neue Religion im Schneeland fast völlig auslöschte. Langdarma fiel 842 ebenfalls einem Mordanschlag zum Opfer, und Nachfolgestreitigkeiten führten zu Anarchie und Zerfall. Damit war die Macht des großtibetischen Königreiches gebrochen. Der Buddhismus in Tibet sollte sich von diesem Rückschlag ein Jahrhundert lang nicht mehr erholen. Neue religiöse Impulse löste im 11. Jahrhundert die Einladung an den indischen Weisen Atisha, im westtibetischen Königreich Guge zu lehren, aus. Seine

Die Anreise zum Kailash ist beschwerlich. Dennoch pilgern jährlich unzählige Gläubige, teilweise unter größten Strapazen, aus allen Teilen Tibets zum heiligen Berg.

Dieser Pilger hat den höchsten Punkt bei der rituellen Umwandlung des Kailash erreicht, den mit Gebetsfahnen geschmückten, über 5500 Meter hohen Paß Dölma La. Hier opfern die Gläubigen etwas von ihrer Habe und danken der Göttin Dölma.

Trotz der harten Lebensbedingungen in der extrem unwirtlichen Landschaft des Changthang hat sich dieser Dorfbewohner in Dangchung sein fröhliches Lachen bewahrt.

Während der Buddhistenverfo gung durch König Langdarma flohen viele gläu bige Tibeter in das abgelegene Sutlej-Tal nach Westtibet und gründeten dort ein neues religiö ses Zentrum. Im Bild ein in den Felsen geschlagener alter Tempel über Purang

Begegnung mit dem tibetischen Gelehrten Rinchen Sangpo initiierte die buddhistische Renaissance, in deren Folge es zur Gründung zahlreicher Reformorden kam, deren Gründerfiguren alle auf der Liste des tibetischen Gelehrtentums stehen: wie Marpa und sein berühmter Schüler Milarepa, Tibets größter Mystiker und Dichter, sowie Dromtön und Butön.

Wandmalerei im Weißen Tempel von Toling, nebe Tsaparang die wichtigste Stadt im ehemaligen westtibetischen Königreich Guge

Auf den Mongolensturm im 13. Jahrhundert reagierten die Tibeter in weiser Voraussicht mit ihrer freiwilligen Unterwerfung. Der hohe Lamagelehrte Sakya Pandita, Oberhaupt des Sakya-Ordens, reiste 1244 auf eine Einladung hin persönlich zu den Mongolen und wurde zum Statthalter in Tibet ernannt. Sein Neffe und Nachfolger Pagpa gewann am Hof Kublai Khans so viel Einfluß, daß er vom Großfürsten im Jahr 1260 als geistiges und weltliches Oberhaupt Tibets bestätigt wurde. Die besondere Protektion der sich zum tibetischen Buddhismus bekennenden mongolischen Führungsschicht begründete die tibetische Theokratie, indem sie Sakya zum Zentrum eines Klosterstaates machte, der die politische Führung in Tibet übernahm.

GELBMÜTZEN UND ROTGARDISTEN

Die Grundlagen für die jüngere tibetische Geschichte legte der Erneuerer Tsongkhapa, der nach dem Zerfall der Sakya-Staatsmacht und der zunehmenden Verweltlichung des Klosterlebens die Ordensdisziplin reformieren wollte. Tsongkhapas Eintreten für eine geläuterte, auf Reichtum und Macht verzichtende buddhistische Kirche übte auf Laien und Mönche gleicher-

Umgeben von einer einzigartigen Canyonlandschaft, die der Sutlej-Fluß in den weichen Sandstein grub, erheben sich die Tempel von Toling in Westtibet.

maßen Anziehungskraft aus. Rasch entwickelten sich aus der ursprünglich sehr kleinen Schar seiner Anhänger größere Mönchsgemeinden. Wegen ihrer strikten Ordensdisziplin wurden sie Gelugpa, das heißt «die Tugendhaften», genannt. Die Auseinandersetzung mit anderen buddhistischen Orden gestaltete sich nicht immer gewaltfrei, und zu manchen Zeiten lief der neue Reformorden Gefahr, vom Boden Zentraltibets verdrängt zu werden. Es war der fünfte in der Inkarnationsnachfolge der auf einen Schüler Tsongkhapas zurückgehenden Reihe der Dalai Lamas, dessen politisches Interesse groß und weltliche Autorität ausreichend war, um die Stellung der Gelugpa in Tibet nicht nur zu festigen, sondern ihren Machtbereich sogar zu erweitern. Die erneute Missionierung der Mongolen – vier Jahrhunderte nach jener durch Sakya – begründete eine enge Verbindung zwischen den beiden Völkern. Der Titel Dalai Lama, der zumeist mit «Ozean der Weisheit» übersetzt wird, war der dritten Inkarnation durch einen mongolischen Fürsten verliehen worden; und es war ein im Norden des tibetischen Hochlandes herrschender Khoschod-Mongole, Gushri Khan, der dem «tugendhaften Klosterorden» zur weltlichen Macht über Tibet verhalf – und somit indirekt wieder am Reformwerk Tsongkhapas kratzte.

Gebetsmühlen an der Außenseite des Weißen Tempels von Toling, die die Gläubigen bei der rituellen Umwandlung des Tempels in Bewegung setzen.

Die Staatsmacht Tibets blieb bis in die Neuzeit von starken Führerpersönlichkeiten abhängig. Da die auf den «Großen Fünften» folgenden Inkarnationen des Dalai Lama früh verstarben – unter Mitwirkung der herrschsüchtigen Umgebung –, ermangelte es in Zentraltibet einer allgemein anerkannten Autorität. Im selben Maß, wie die Macht einzelner Klöster wieder

Die Vorfahren dieser Ngolok-Nomadin waren ein berühmt-berüchtigtes Reitervolk, das Alexandra David-Néel in ihrem Buch «Das Land der ehrbaren Räuber» von 1933 detailliert beschreibt.

Festlich geschmückte Ngolok-Nomadinnen am Koko Nor. Viele Mädchen flechten ihr Haar in 108 Zöpfe, denn diese Zahl ist den Buddhisten heilig – 108 Bände umfaßt die tibetische Übersetzung von Buddhas Lehre.

Um sich gegen das gleißende Sonnenlicht, Schneeblindheit und Staub zu schützen, greifen immer mehr Tibeter wie der junge Mönch zu Brillen.

zunahm, verstärkten sich die innenpolitischen Probleme, und die Sicherheit nach außen blieb ebenfalls nicht mehr gewährleistet. Das nutzten nach den Dzungaren auch die nepalesischen Gorkhas, die im 18. Jahrhundert ihr Reich über ganz Nepal ausgedehnt hatten, und bedrängten das Schneeland im Süden. Da sich die Tibeter der Armeen aus dem Himalaya nicht erwehren konnten, erging wiederum ein Hilferuf an den chinesischen Kaiserhof in Peking. Die Mandschu-Dynastie reagierte prompt und warf die Gorkhas mit nach Tibet entsandten chinesischen Truppen aus dem Land. Damit wurden die Tibeter zwar die Eindringlinge aus dem Süden los, von nun an verstärkten sich aber die militärische Präsenz und der Einfluß der mandschu-chinesischen Politik auf die Verhältnisse in Tibet.

Es lag an der Koinzidenz der Umstände, daß mit der niedergehenden letzten chinesischen Kaiserdynastie zum zweiten Mal ein mächtiger Dalai Lama, der 13., die Politik auf dem Dach der Welt entschlossen in die Hand nahm und seinen Machtbereich festigte. Mit dem Sturz der Monarchie in Peking 1912 kündigte er Chinas Führung die Loyalität auf und betrieb eine Unabhängigkeitspolitik, die sich mehr auf Isolation denn auf eine aktive Gestaltung der Außenpolitik stützte. Gleichzeitig erhöhte er die innenpolitischen Spannungen, indem er alte regionale Gegensätze – wie jene zwischen den Kernprovinzen Ü und Tsang – schürte. Da die Briten ihren Einfluß im Potala geltend machen konnten, orientierten sich andere Kreise – wie der Panchen Lama – in Richtung China. Progressive Kräfte, zu denen Teile der tibetischen Aristokratie zählten, unterlagen trotz der Förderung durch den 13. Dalai Lama gegen einen immer intriganter werdenden Klerus. Dieser verfolgte zwar partikulare Einzelinteressen, in seiner orthodoxen konservativen Grundhaltung stand er jedoch geschlossen zusammen. Auch nach dem Tod des Kirchenfürsten, der Tibet im 20. Jahrhundert in eine erneute Selbständigkeit geführt hatte, wurde die Gefahr der Bedrohung von außen nicht genügend ernst genommen. Ein politisch schwaches Tibet mit starkem religiösem Selbstbewußtsein harrte am Vorabend des chinesischen Einmarsches der kommenden Dinge, dem tragischsten Kapitel in Tibets Geschichte.

Weite Teile tibetischen Siedlungsgebietes – namentlich Amdo und der Osten von Kham – unterlagen schon seit längerem direkt dem Wechselspiel chinesischer Politik. Der «Lange Marsch» der Kommunisten hatte diese auf der Flucht vor den nationalchinesischen Truppen Tschiang Kaisheks unter anderem über das östliche Hochland Tibets geführt. Nicht zuletzt die Unterstützung, die sie dort von Tibetern erfuhren, dürfte sie in ihrem Sendungsbewußtsein, Tibet als ehemaligen Teil des chinesischen Kaiserreiches «befreien»

In einem kargen Land, in dem die wenigen Bewohner weit voneinander entfernt leben, sind große Feste wie dieses am See Koko Nor (oben und unten) ein bedeutendes Ereignis: Die Männer messen sich im Bogenschießen und Wettreiten, die Frauen tragen ihren schönsten Schmuck, Waren werden getauscht, Hochzeiten arrangiert und die Lamas in religiösen Dingen um Rat gefragt.

Kloster im nordosttibetischen Rongwo-Tal. Hier hat sich die Wutun- oder Reb kong-Malerei entwickelt, ein sehr detaillierter, feiner Malstil, de sich über weite Teile Ostasiens verbreitet hat.

zu wollen, bestärkt haben. Der mehrere Monate dauernde Einmarsch kommunistischer Truppen in Tibet lief zunächst mit erstaunlich wenigen Kampfhandlungen ab. Verhandlungen mit Peking führten zu dem «17-Punkte-Abkommen» für «die friedliche Befreiung Tibets», das den Tibetern unter anderem Religionsfreiheit und Schutz der Klöster zusicherte. Am 9. September 1951 marschierte die chinesische Armee in Lhasa ein. Als sich China nicht an seine Versprechen hielt, revoltierten zunächst die Khampas in Osttibet; im März 1959 griffen die Unruhen auf Lhasa und Zentraltibet über. Nachdem chinesische Truppen den Aufstand niedergeschlagen hatten, floh der Dalai Lama nach Indien, etwa 50 000 bis 100 000 Tibeter folgten ihm ins Exil. Erst die allmählich zunehmende Einmischung in das tibetische Gesellschaftssystem – die sogenannten «demokratischen Reformen», die sich über Säkularisierungen und vermehrt auch Zerstörung von tibetischen Klöstern äußerten – hatte die verschiedene Interessen verfolgenden divergenten Kräfte in ganz Tibet so weit gebracht, daß sie gemeinsam den Widerstand formierten. Daß dessen Niederschlagung und der weitere Kampf in eine Zeit fiel, in der die machtpolitischen Auseinandersetzungen in der jungen Volksrepublik China ein immer größeres und unkontrollierbares Ausmaß annahmen, kann man als besondere Ironie des tibetischen Schicksals auffassen. Denn damit hatten die Tibeter nicht allein den Kampf gegen die Besatzungsmacht und deren umwälzende soziopolitische wie ökonomische Einflußnahme auszufechten, sondern sie litten darüber hinaus unter den Auswirkungen des Schlagabtausches der unterschiedlichen politischen Kräfte Chinas.

Gebetsmühlengang im Kloster Labrang, Amdo. Die Gebetszylinder werden im Uhrzeigersinn gedreht, denn man glaubt, daß so die unzähligen, auf Papierstreifen geschriebenen Gebete im Inneren gesprochen werden.

Blick auf das Shachung-Kloster in Tsongkha. In dieser Region in Nordosttibet wurde 1357 der große Reformator Tsongkhapa («der Mann aus dem Zwiebeltal») geboren. Er gründete den Gelugpa-Orden – heute die wichtigste Lehrrichtung in Tibet –, dem auch der (ebenfalls hier in der Nähe geborene) 14. Dalai Lama angehört.

In der «Großen proletarischen Kulturrevolution» stand Tibet plötzlich zwischen und an allen Fronten und mußte dafür büßen, daß es weder gelungen war, die eigene politische Stagnation zu überwinden, noch den gesellschaftlichen Ballast überkommener Werte und reaktionärer Kräfte, den China in einer jahrtausendelangen Geschichte angesammelt hatte, quasi über Nacht abzustreifen. In geschickter Ausnutzung der gesellschaftlichen Spannungen, die es auch im alten Tibet gegeben hatte, fegten sogenannte Rotgardisten in einem gewaltigen Feuersturm Tausende von Klöstern hinweg und beanspruchten, die Tibeter von einer Last zu befreien, welche die meisten von ihnen noch gar nicht als solche zu sehen bereit waren. Wenngleich im 20. Jahrhundert allmählich ein Reformbedürfnis aufgekommen war, so hatten es die Dogmatik eines Mao Zedong und der grausame Psychoterror durch die Roten Garden zu zerschlagen gewußt.

EIN VOLK RICHTET SICH WIEDER AUF

Im Gegensatz zu heute, wo in den ländlichen Gebieten, in abgelegenen Tälern abseits der Städte, das politische Tagesgeschäft mit den durch die chinesische Überfremdung in Lhasa geschaffenen Spannungen kaum wahrgenommen wird, hatte die Kulturrevolution in sämtliche Lebensbereiche eines jeden Tibeters eingegriffen. Selbst der nomadischen Hirten hatte man Herr werden wollen, indem sie in aus dem Boden gestampften Barackensiedlungen in der Steppe kaserniert wurden. Der Versuch ihrer Seßhaftmachung sowie

Ein Mönch übt sich in der Nähe des Klosters Labrang im Blasen der Radong-Langtrompete.

Decken- und Wandmalerei im Kloster Magön in dem Städtchen Draya südlich von Chamdo.

Mönche restaurieren eine Dharma-pala-Statue, einen »Beschützer der Lehre«, im Kloster Jyekundo im äußersten Norden Khams.

Bild der Ushnisbavijaya im Kumbum-Chörte von Gyantse. Die dreigesichtige, vielarmige Gottheit wird besonders verehrt, weil sie ein langes Leben gewähren kann.

das den Bauern durch eine völlig verfehlte Wirtschaftspolitik aufgezwungene veränderte Anbaugefüge führten zusammen mit der überforderten Planwirtschaft zur ersten größeren Hungersnot in Tibet, die unzählige Todesopfer forderte. Vor dem Hintergrund der Terrorisierung durch politische Aktivisten, die in ihrem verblendeten, idealistischen Dogmatismus völlig das Machbare aus den Augen verloren, und anhaltender Machtkämpfe konnte sich der Überlebenswille der Tibeter nur in Widerstand äußern. Allein, ein kleines Volk von wenigen Millionen Mitgliedern hatte gegenüber der Milliardennation China keine Chance auf Abschütteln der Besatzungsmacht. Da ganz China unter ähnlichen Bedingungen litt, griff der gegen Ende der siebziger Jahre in Peking sich breitmachende Pragmatismus auch auf Tibet über. Nach dem katastrophalen Zustandsbericht der ersten Delegation des 14. Dalai Lama brach 1980 der damalige Führer der Kommunistischen Partei Chinas, Hu Yaobang, mit einer Abordnung nach Tibet auf. Selbst er kam nicht umhin, die Zustände in Tibet als schlimm zu bezeichnen, so daß in wirtschaftlicher Hinsicht und, etwas zögerlicher, auch auf dem religiösen Sektor die Zügel gelockert wurden.

Die Auflösung der unter Zwang eingerichteten Volkskommunen ermöglicht es den Bauern seither, wieder selbständig zu wirtschaften, ebenso wie weit über eine Million Nomaden ihre Weidegründe heute wieder in traditioneller Weise nutzen. In althergebrachter Manier ergänzen sich Viehzüchter und Ackerbauern, indem sie vom anderen das eintauschen, was sie selbst benötigen bzw. es sich über die Märkte einkaufen. Daß dort heutzutage andere, früher nicht angebotene Güter ebenfalls auftauchen, hat dabei nicht nur sein Gutes, denn seit der wirtschaftlichen Liberalisierung wird häufig das Ansteigen des allgemeinen Preisniveaus beklagt. Die Masse derer, die ohnehin weitab der Städte in Subsistenz leben, nimmt dies kaum zur Kenntnis. Und wenn auf der einen Seite die Bauern ärmerer Gegenden zu den Verlierern dieser Verhältnisse zählen, ist zum anderen nicht zu übersehen, daß es beispielsweise die Nomaden in Amdo, die das wertvolle Fleisch ihrer Tiere in den östlich anschließenden, bevölkerungsreichen chinesischen Provinzen absetzen können, und die Bauern auf den guten Böden durchaus wieder zu einem gewissen Wohlstand bringen.

DAS KLOSTER ALS KULTURELLER FOKUS

Die allmähliche Verbesserung der wirtschaftlichen Situation Tibets schlägt sich optisch in wiederaufgebauten Klosteranlagen und restaurierten Tempeln nieder, deren Ausstattung überwiegend aus Spendengeldern

Arbeit an einer Malerei im Kloster Jyekundo. Kunst steht in Tibet fast immer im Dienst der Religion. Bilder dienen der Darstellung der buddhistischen Lehre oder als Meditationsgrundlage.

Mönche des Magön-Klosters beim Sortieren von Äpfeln. Im Hintergrund die wilde Gebirgslandschaft um die Mekong-Schlucht.

Ziegenherden im oberen Tal des Mekong bei Nangchen in Nord-Kham.

Blick über die grandiose Gebirgswelt in der Region Dege, Kham.

finanziert wird. Gab es zu Beginn der achtziger Jahre vielleicht nur wenige hundert Mönche, die in die zwei Dutzend (!) unzerstört gebliebenen Klöster zurückkehrten, so ist der lamaistische Klerus inzwischen wieder stark angewachsen. Mit der stetig zunehmenden Zahl von – natürlich längst nicht ausreichend ausgebildeten – Mönchen ist das religiöse Leben der Tibeter in über tausend Klöster zurückgekehrt.

Klöster sind das Rückgrat des Lamaismus, dessen monastische Tradition ohne entsprechende religiöse Zentren nicht aufrechterhalten werden könnte. Heute ist das Kloster wieder die wichtigste «kulturelle Äußerung» der tibetischen Gesellschaft, und so steht es dauerhaft im Mittelpunkt ihres kulturellen Lebens. Hier werden die Lehren, in die Kenntnisse und Weisheit von Generationen von Lamas und Yogis eingegangen sind, von den Meistern an ihre Schüler weitergegeben. In den Klöstern erhalten die einfachen Gläubigen neben dem Segen dieser Lamas eine grundlegende Form von Unterweisung: durch die Thangkas (religiöse Rollbilder) und Wandmalereien, die buddhistische Inhalte anschaulich darstellen, oder durch farbenprächtige Maskentänze zu festlichen Anlässen, in denen Pilgern solche Lehrinhalte tänzerisch nahegebracht werden (siehe Seite 49). Für die bedeutendsten Ereignisse im Leben rufen die Tibeter Mönche aus dem Kloster, um entsprechende Weihe- oder Segnungszeremonien bei Geburt, Hochzeit oder Tod abzuhalten. Früher wie heute machen die hierfür erhaltenen Geldbeträge einen beträchtlichen Teil der Klostereinnahmen aus.

Klöster als Wirtschaftseinheiten haben die gleichen Rechte wie Firmen oder Einzelpersonen. Daher können sie ökonomische Aktivitäten entwickeln, und dort, wo sie eine glückliche Hand beweisen, drückt sich dies in der künstlerischen Ausgestaltung ebenso aus wie in der Zahl der Insassen des Klosters. Eines der leuchtendsten Beispiele dieser Art ist das Großkloster Tashilhunpo in Shigatse, das im Besitz einer Handelsgesellschaft, einer Teppichfaktorei, eines Gästehauses, von Lastwagen und anderem mehr ist und mit seinen über 800 Mönchen als der größte «Arbeitgeber» in Tibets zweitgrößter Stadt betrachtet werden könnte. Rechtsgarantien erstrecken sich dagegen in keinster Weise auf politische Aktivitäten, und selbst im religiösen Bereich sind Unsicherheiten in einer Grauzone nicht zu übersehen. Wenn etwas politisch unerwünscht ist, irgendwo keine Mitsprache geduldet wird, werden sehr schnell die wichtigen Gremien von den Behörden übergangen, wie die häßlichen Entwicklungen bei der Auffindung der neuen Panchen-Lama-Inkarnation im Jahr 1995 gezeigt haben, als dem von den Exiltibetern bereits anerkannten Kandidaten ein neuer, den chinesischen Wünschen entsprechender Panchen Lama vorgeschoben wurde.

DER EINZUG DER MODERNE – AUF DER SUCHE NACH DEM SHANGRI LA

Die politischen Entwicklungen seit der Mitte unseres Jahrhunderts haben das Schneeland mit seiner feudalen Grundstruktur und seinem mystisch-magischen Weltbild innerhalb kürzester Zeit von einer mittelalterlich geprägten Umwelt ins kalte Industriezeitalter katapultiert. Als es 1904 bei Gyantse zur Schlacht zwischen tibetischen und englischen Truppen kam, hielten sich

Nomade in Amdo. Der Yak dient den Tibetern als Reit-, Zug- und Tragtier, sein dichtes Haar wird zu Wolle versponnen und zu Kleidern, Zelten und Stricken verarbeitet, aus seiner Haut lassen sich Schuhe und Boote fertigen, aus den Hörnern Trinkgefäße und Pulverbehälter. Und – Yakdung ist das wichtigste Brennmaterial im holzarmen Tibet.

die Tibeter, die mit Pfeil und Bogen gegen die mit modernsten Gewehren ausgerüsteten Briten antraten, aufgrund des Segens ihrer Lamas für unverwundbar. Die damals geschlagenen Wunden werden bis heute auf vielfältige Weise wiederaufgerissen. Noch immer suchen viele Tibeter ihre nationale Identität in dem theokratischen Staat der Dalai Lamas. Zwar sind im Exil demokratische Reformen durchgeführt und entsprechende Institutionen geschaffen worden; angesichts einer jungen Generation aber, die zwar eine dem Westen vergleichbare wirtschaftliche Entwicklung will, aber gleichzeitig den Bau von Kraftwerken oder Industrieansiedlungen als die Gefühle und Traditionen der Tibeter verletzend verteufelt, versprechen sich die Probleme des Schneelandes noch lange zu konservieren.

Junge Mönche im Kloster Litang. In Tibet war es üblich, mindestens einen Sohn – meist im Alter von acht bis zehn Jahren – in ein Kloster zu schicken, das seine schulische und religiöse Ausbildung übernahm; manche Klöster hatten bis zu 10 000 Mönche. Heute ist die Zahl der Mönche staatlich limitiert. Je nach politischer Wetterlage werden überzählige Novizen weggeschickt oder stillschweigend akzeptiert.

Es bleibt unbestritten, daß viele der in Lhasa durchgeführten Projekte wie der Bau von Luxushotels, repräsentativen Theater- und Sportgebäuden weder für Tibet notwendig waren noch den Tibetern selbst nützen. Gäbe es wirklich demokratische Mitbestimmung – ein wesentlicher Schritt, der noch lange vor je möglichen Gesprächen über Unabhängigkeit anstünde –, dann wären solche Mammutprojekte nicht zur Durchführung gelangt. Bei der Beurteilung der Nützlichkeit des Ausbaus von Bewässerungs- und Kraftwerksanlagen und der Notwendigkeit teurer Restaurierungsarbeiten sollten wir uns mit unseren Zweifeln jedoch zurückhalten. In Zeiten, wo neben den traditionellen schwarzen Yakhaarzelten Motorräder und Lastwagen den Mobilitätsanspruch der Nomaden betonen, können nicht wir es sein, die Tibet weiterhin das Dasein eines zivilisationsfernen »Shangri La« – eines irdischen Paradieses inmitten der Welt – abverlangen. Viele der großen Probleme Tibets sind von außen an das Land herangetragen worden, sind aus China – und dem Westen – über es hereingebrochen; aber genauso viele Schwierigkeiten kommen von innen.

Deren Lösung gemeinsam mit den Chinesen anzugehen, haben manche Tibeter versucht. Wenn es nicht gelingt, glauben die tibetischen Buddhisten, es sei auf in vergangenen Leben erworbenes schlechtes Karma zurückzuführen. Der um Vermittlung bemühte 14. Dalai Lama weiß nicht nur um die Zerstörung von Altertümern, Folter und um politische Gefangene der Chinesen, er kennt auch die überkommenen Probleme seines Landes – wie dürftige Hygiene, Krankheit, Überweidung, Erosion, Abholzung sowie die Spannungen zwischen Arm und Reich. Andere machen die zahlreichen Geister, die noch immer am Grund dämonischer Seen oder auf Bergesanhöhen hausen, für die Schwierigkeiten verantwortlich. Daher sind die Menschen weiterhin bemüht, die Geister durch kleine Opfergaben zu besänftigen. Als solche zeugen die *Latses* allerorten von der Hoffnung auf Besserung. Sie sind Steinsetzungen, die diesen Wesen nach schamanistischer Vorstellung als Wohnsitz und Sammelpunkt dienen. Bis heute werden als heilig geltende Plätze von den Tibetern mit diesen Steinhäufchen geschmückt, damit die lokalen Geister gnädig gestimmt sind und dem Reisenden Schutz gewähren, mindestens aber ihn unbehelligt lassen. Den Ortsansässigen aber sind sie Mahnung, ihr Leben mit Rücksicht auf ihre Umwelt zu gestalten – sowohl an die Natur zu denken als auch an die Mitmenschen, aber ebenso an die Geister und Dämonen auf dem Grund der Gewässer, in der Politik und auf den Bergesgipfeln.

Mönche beim Musizieren im Klosterhof von Batang. Neben dem Lehren der heiligen Schriften und der Unterrichtung in buddhistischer Logik und Disputation werden die Novizen auch musikalisch geschult – sind doch Blas- und Schlaginstrumente ein wichtiger Bestandteil vieler religiöser Zeremonien.

Höhepunkt eines religiösen Festes im Kumbum-Kloster in Amdo sind die Maskentänze: Neben der Darstellung von buddhistischen Lehrinhalten sollen die Gläubigen auch an den Anblick der tierköpfigen, oft furchterregenden Schutzgottheiten gewöhnt werden, die sie nach dem Tod im Bardo, dem Zwischenreich, erwarten.

MASKENTÄNZE

Während der Kulturrevolution verboten, werden die Maskentänze heute wieder von vielen Klöstern zu festlichen Anlässen aufgeführt. Kaum ein Zuschauer kann sich dem Bann dieser ebenso farbenprächtigen wie geheimnisvollen Mysterienspiele entziehen.

Das Cham genannte, rituell getanzte Mysterienspiel führt den Gläubigen buddhistische Lehrinhalte vor Augen. Entsprechend sind Themen und Motive der Cham-Tänze recht unterschiedlicher Natur. Ihr wichtigstes Anliegen ist, die Überlegenheit der buddhistischen Religion und ihren Sieg über die dunklen Aspekte des Lebens zu verdeutlichen. Zum einen sollen die diversen Masken die Menschen mit der Situation vertraut machen, in die sie während ihrer 49-Tage-Wanderung im Bardo, dem »Zwischenzustand« zwischen Tod und Wiedergeburt, geraten. Die unerlösten Wesen sollen sich auf diese Weise an die verschiedenen Aspekte der Gottheiten gewöhnen, an die verführerischen und die zornvoll-schrecklichen, um im Bardo keine Furcht vor diesen »Beschützern der Lehre« zu haben. Mit den Masken der frühen tibetischen Könige werden dagegen religionsgeschichtliche Ereignisse dargestellt. Die »Herren der Leichenäcker« rufen den Zuschauern in der Form tanzender Skelette die Vergänglichkeit ihres Daseins in Erinnerung. Das Wirken der dunklen Mächte soll gebannt werden durch Herbeirufen der Schutzgottheiten, die während der Tänze von den Masken und ihren Trägern Besitz ergreifen. Deshalb sind die Tänzer in Tibet ausschließlich Mönche, die zuweilen beträchtliche Lasten zu bewegen und damit eine schwierige Aufgabe zu bewältigen haben, zumal sie sich in ihren Schritten und Tanzbewegungen an feste Vorschriften halten müssen. Vor allem die Gewänder der Schutzgottheiten werden immer wieder von ehrfurchtsvoll sich nähernden Pilgern mit Khatag-Schleifen behängt, mit denen ihnen gehuldigt und um ihren Segen gebeten wird.

Bei den Zuschauern besonders beliebt sind die Spaßmacher, die mit ihren Einlagen die in aller Regel lang andauernden Ritualtänze auflockern. Da werden nicht am Tanz teilnehmende Mönche von Wächterfiguren eingefangen, die darauf achten, daß der Kreis der Zuschauer nicht zu eng wird und die Tänzer behindert. Ein anderes Mal parodieren sie den Mönchsalltag, indem sie beispielsweise die gelehrten Disputationen auf komische Weise imitieren. Weitere Spaßmacher sind eher als »Politsatire« aufzufassen – wie jene rundlichen weißen Masken, welche die chinesischen Verwaltungsbeamten ins Lächerliche ziehen.

Ritueller Höhepunkt des Cham ist eine Art »Entsühnungszeremonie«. Sie soll im jährlichen Rhythmus dazu beitragen, daß das Dasein gereinigt und der Mensch von seinen Lastern befreit wird. Die guten und helfenden Gottheiten sucht man durch Opfer und ihnen gewidmete Riten zu stärken, während die finsteren Mächte gebannt und überwunden werden sollen. Symbolische Darstellung findet dies in der Zerstörung einer Torma (Opferkuchen)- bzw. Lehmfigur, in welche die dunklen Aspekte des Seins zuvor gebannt wurden: In allmählich enger werdenden magischen Kreisen umtanzt ein Dharmapala (»Beschützer der Lehre«) oder ein Schwarzhutträger diese Linka (»Merkmal«) genannte Figur, wirbelt immer wilder und heftiger um sie herum, bis er sie schließlich mit seinem Schwert zerschlägt und damit die versammelten Menschen entsühnt. Abschließend erscheinen noch einmal die »Herren der Leichenäcker« auf dem Schauplatz, nach und nach tauchen die Masken der Dharmapalas und weitere Gestalten auf – und mit ihnen wieder neue Übel. Der ewige Kreislauf beginnt von neuem.

Maskentänze im Kloster Tashilhunpo bei Shigatse: Tanzende Skelette (oben) verweisen auf die Vergänglichkeit des irdischen Lebens; Tänzer bei der Vorbereitung einer Sühnezeremonie (Mitte); der Schwarzhuttänzer (unten) erinnert an die Ermordung von König Langdarma, einem gnadenlosen Verfolger der Buddhisten, durch einen Eremiten im Jahr 842.

Nomadenfrauen aus Amdo bei einem großen Fest am See Koko Nor.

INHALT

Dorf in der Gegend von Pokhara: Milde Dezembersonne hat die Menschen aus ihren Häusern gelockt. Die ursprüngliche Architektur verändert sich – Blech, Wellblech und andere Errungenschaften des Westens halten Einzug.

Auf dem Weg zum Everest Basislager gelangt man in die Ortschaft Pangboche. In einer Höhe von 4000 Metern haben hier die Sherpa Häuser gebaut und dem steinigen Boden mühevoll Felder abgerungen. Neben sehr kleinen Kartoffeln werden auch Gerste und Buchweizen angebaut.

DATEN · ZAHLEN · FAKTEN

GEOGRAPHISCHE AUSDEHNUNG Gewissermaßen das Rückgrat des Dachs der Welt bilden der gewaltige Hochgebirgsbogen von Himalaya-Hauptkamm und Karakorum, der im Pamirknoten mit den Bergketten des Kunlun sowie des Transhimalaya zusammenläuft. Auf einer Ost-West-Ausdehnung von rund 3000 Kilometern und einer Nord-Süd-Erstreckung von 250 bis 400 Kilometern haben die Staaten Indien, Nepal, Bhutan, Pakistan sowie die VR China mit Tibet und dem südlichen Turkestan Anteil an der größten zusammenhängenden Gebirgsregion unseres Erdballs. Die höchsten Gipfel finden sich mit den 14 Achttausendern im Kaschmir- und Karakorum-Himalaya sowie der zentralen Nepal-Himalaya-Kette, die sich in Mittelnepal nach Tibet ausrichtet. Dazwischen nehmen sich die Bergketten, die auf 7000 Meter aufragen, über weite Strecken (Ladakh, Zanskar, Spiti) sogar »nur« auf 6000 Meter, fast bescheiden aus. Das Dach der Welt ist gekennzeichnet durch ein enges räumliches Nebeneinander von vergletscherten Hochgebirgsregionen, wüstenartig trockenen Hochtälern und subtropisch feuchten Berghängen mit einer äußerst abwechslungsreichen Vegetation. Diese wird, entsprechend des unterschiedlichen Niederschlagsangebots, vom extrem kargen Westen – wie dem wüstenhaften Ladakh – nach Osten hin immer üppiger, um in die Dschungelgebiete Assams überzugehen.

TIER- UND PFLANZENWELT Die Hochgebirgswüsten in Tibet und im Karakorum und die vereinzelten kargen Hochsteppen, etwa die Nordhimalayische Trockenzone Nepals südlich der nepalisch-tibetischen Grenze, lassen der mit dem Menschen um die dürftigen Lebensgrundlagen konkurrierenden Tierwelt nur wenig Raum. Anders sieht es im zentralen Himalaya aus: In den mittleren Lagen sind ausgedehnte Nadelwälder und große Baumrhododendren mit zahlreichen Orchideenarten, des weiteren auch Eichen- und Birkenbestände zu finden. Hier liegt der – vom Menschen schon extrem eingeschränkte – Lebensraum von Bären, Muntjakhirschen, Gorals, Moschustieren, Berg-Rhesusaffen, und in den Hochgebirgssteppen und moosbewachsenen Felswüsten der Hochgebirge leben auch Schneeleoparden. Im äußerst feuchten Ost-Himalaya breiten sich üppige, tropisch-immergrüne Berg- und Nebelwälder aus, die abwechselnd aus Buchen-Eichen-Rhododendren-Mischwäldern und Koniferen-Beständen (Kiefern, Tannen) bestehen. Durchsetzt sind sie mit Baumfarnen, Epiphyten, Bambus und Riesenmagnolien. Entsprechend vielfältig ist hier auch die Tierwelt. So finden sich – über die bereits genannten Tiere hinaus – im äußersten Süden dieses Gebiets Makaken und Languren, in den bewaldeten Tälern Silberfüchse und Kleine Pandas (meist in Höhen über 3000 m) sowie in den nördlichen Hochländern Antilopen, Wildschafe und Yaks.

ben: Das Dach der Welt ist die größte zusammenhängende Gebirgsregion der Erde. Fünf Länder – Indien, Nepal, Bhutan, Pakistan und Tibet – haben Anteil an den höchsten Gipfeln im Himalaya und Karakorum.

Rechts: Trompetenenzian (Gentiana ornata). Die etwa rei Zentimeter großen Blütenkelche findet man in weiten Teilen des Himalaya, in Höhen bis über 4000 Meter (oben).

ie Blüte des Nepal-Türkenbunds (Lilium nepalense) wird so groß wie eine Kinderfaust (Mitte).

Weit verbreitet in den höheren Lagen des Himalaya ist der kleine possierliche Pfeifhase, ein Verwandter des Hasen (unten).

STAATEN *Das buddhistische Königreich Bhutan*, das Land des »donnernden Drachen« ist das geheimnisumwobenste und am wenigsten modernisierte Land in Südasien. Mit einer Fläche von 46 500 Quadratkilometern ist es kaum größer als die Schweiz (Bevölkerungszahl: 1 769 800, Hauptstadt: Thimphu) und liegt an den Südhängen des östlichen Himalaya. Im Norden grenzt das Land an China und im Süden, Osten und Westen an Indien. Die Ebenen im Süden liegen auf einer Höhe von 500 Metern und steigen im Norden auf das 7500 Metern hohe Himalaya-Plateau an. In den Ausläufern der Berge herrschen tropische Temperaturen. Hier findet man Rotwild, Löwen, Leoparden, die seltenen goldenen Affen, üppige Vegetation und zahlreiche Orchideenarten. Die weitläufigen Laubwälder sind Lebensraum für Wildschweine und Bären.

Sicherheitshinweise: Zurzeit keine (siehe www.auswaertiges-amt.de).

Das Königreich Nepal (Fläche: 147 181 Quadratkilometer, Bevölkerungszahl: ca. 25 Mio., Hauptstadt: Kathmandu) liegt an den Südhängen des Himalaya und erstreckt sich von den höchsten Gipfeln durch bergiges Land zur oberen Grenze der Ganges-Ebene. Im Norden und Nordwesten grenzt es an China sowie im Westen, Süden und Osten an Indien. Man kann das Land in fünf Regionen aufteilen: Terai, Siwalik, Mahabharat Lekh, die Zentralregion oder Pahar und den Himalaya. Die bergige Zentralregion wird vom südlichen Himalaya durchzogen, hier befinden sich die höchsten Gipfel der Welt.

Sicherheitshinweise: Die konstitutionelle Monarchie wird immer wieder von gewaltsamen Auseinandersetzungen mit maoistischen Rebellen erschüttert. Seit einigen Jahren herrscht Bürgerkrieg, von dem Touristen aber bis auf gelegentliche Forderungen von moderaten Schutzgeldern weitgehend unbehelligt bleiben. Nach wie vor wird empfohlen, die Mittelwestregion (Distrikte Dolpa, Rukum, Rolpa, Salyan, Surkhet, Jajarkot, Dailekh, Kalkot, Syangja, Gulmi und Arghakhanchi), die Westregion und die Ostdistrikte Sankhuwasabha und Taplejung sowie Bhojpur (Ost-Nepal) zu meiden. Vor dem Befahren der Strecke zwischen Atariya und Dadeldhura in West-Nepal wird gewarnt.

Tibet befindet sich seit 1959 unter chinesischer Herrschaft. 1965 wurde die autonome Region Xizang (Fläche: 1 221 600 Quadratkilometer, 2,4 Mio. Einwohner, Hauptstadt Lhasa) gegründet, wobei die Hälfte des früheren Staatsgebietes chinesischen Provinzen zugeschlagen wurde. Sie hat nur mit dem im Süden liegenden Teil Zentraltibet Anteil am Himalaya; im Norden wird sie vom Kunlun Shan, im Westen vom Karakorum, im Osten von den Osttibetischen Randketten begrenzt. Zentraltibet umfasst die beiden Provinzen Ü und Tsang (mit der Hauptstadt Shigatse). Die Bewohner Tibets sind größtenteils Tibeter und verwandte Stämme, daneben Mongolen und kleinere Bergvölker. Nach offiziellen Angaben leben ca. 82 000 Han-Chinesen in Xizang. Das Hochland von Tibet ist mit rund 2 Mio. Quadratkilometern und einer mittleren Höhe von 4500 Metern die ausgedehnteste und höchstgelegene abgeschlossene Landmasse der Erde.

Indien reicht im äußersten Osten mit dem rund 84 000 Quadratkilometern großen Bundesstaat Arunachal Pradesh, in der Mitte mit dem ca. 7300 Quadratkilometer umfassenden einstigen Königreich Sikkim und im Westen mit mehreren Bundesstaaten auf das Dach der Welt: Über eine Viertelmillion Quadratkilometer Bergland verfügen die indischen Himalaya-Regionen Himachal Pradesh, Uttar Pradesh sowie Jammu und Kaschmir mit Ladakh. Da Kaschmir geteilt ist, kommt auch *Pakistan* zu seinem Anteil; dessen »Freies« (Azad) Kaschmir und der Gilgit-Distrikt umfassen noch einmal rund 100 000 Quadratkilometer. In diesem Gebiet sind die einzigen Achttausender außerhalb Nepals und Tibets zu finden.

Sicherheitshinweise: Die unmittelbaren Grenzregionen zwischen Indien und Pakistan sollten gemieden werden. Wegen der Gefahr terroristischer Gewalttaten wird vor Reisen nach Jammu und Kaschmir gewarnt. Sowohl in Srinagar als auch in Jammu ist es zu Bombenattentaten auf öffentlichen Plätzen gekommen. Wegen erheblicher Sicherheitsrisiken sollten in Ladakh die Grenzgebiete und die Gegend westlich von Lamayuru (insbesondere die Straße von Lamayuru nach Kargil) gemieden werden. Generell wird davor gewarnt, allein oder mit einem nicht ausgewiesenen Führer durch diese Gegenden zu trekken, per Autostopp zu reisen oder an einsamen Plätzen zu zelten. Reisenden nach Pakistan ist zu größter Vorsicht zu raten; Interessierte sollten die aktuellen Sicherheitshinweise des Auswärtigen Amtes beachten (s. Adressen).

VÖLKER UND SPRACHEN Um das Dach der Welt lebt eines der großartigsten Völkermosaiken unserer Erde. Der Vielvölkerstaat Nepal allein bringt es auf etwa 20 ethnische Gruppen, die sich, wenn nicht in der Staatssprache Nepali, in 36 verschiedenen Dialekten verständigen. Selbst das kleine Bhutan, das sich gerne als ein Land von hoher ethnischer Homogenität darstellt, umfasst heute wohl mehr Nepali-Minderheiten als alteingesessene buddhistische Drukpa-Bhutaner. Während im indischen West-Himalaya die Kaschmiri und Ladakhi neben Darden und einigen wenigen kleinen Gruppen das Gros der Bevölkerung ausmachen, weist das im Osten gelegene indische Arunachal Pradesh die verwirrendste Völkervielfalt auf. Grob betrachtet, kann man den ethnisch so vielschichtigen Himalaya-Raum aufgrund der übergeordneten Sprachzugehörigkeit in zwei Hälften teilen: In den hochgelegenen Gebieten im Norden leben Tibeter und deren unmittelbare Verwandte wie die Ladakhi, Dolpopa, Mustanghi und Sherpa sowie andere, von

Oben: Millionen von Feldterrassen zeugen vom Fleiß und der Mühe nepalischer Bauern

Unten: Tibeter während einer Rast mit Buttertee. Der mit Salz angereicherte Tee schmeckt ähnlich einer Bouillon.

den Bewohnern des Mittellandes als Bhotia bezeichnete Gruppen. Ihre Sprachen, Tibetisch und mit ihm verwandte Dialekte, gehören zur tibeto-burmesischen Sprachfamilie. In den mittleren Lagen siedeln überwiegend mit den Tibetern entfernt verwandte, ebenfalls tibeto-burmesische Dialekte sprechende Volksgruppen, für deren Vielzahl wir hier stellvertretend nur die Gurung, Tamang, Newar, Rai, Lepcha und Apatani nennen wollen. Im Tiefland – und bis tief in die Bergtäler hinein – leben Angehörige der indo-arischen Sprachfamilie, wozu das in Nordindien gesprochene Hindi und das in Nepal gesprochene Nepali gehören. Bei ihnen überlagert die Kastengliederung die ethnische Zuordnung. Bezeichnungen wie Nepali und Drukpa («Bhutaner») stellen somit eher konstruierte nationale Identitäten dar und kennzeichnen allenfalls die Staatssprachen Nepals und Bhutans, während den zahllosen Einzelidiomen in den indischen Bundesstaaten keine einheitliche Amtssprache übergeordnet ist. Im Zweifelsfall müsste Hindi genannt werden, jenseits der Demarkationslinie in Kaschmir das pakistanische Urdu. Als förderlich im Zeitalter des Tourismus erweist sich jedoch, dass vielerorts die Weltsprache Englisch verstanden wird.

RELIGION Am Westrand des Himalaya leben überwiegend Moslems, während die Menschen im Norden, aber auch in ganz Bhutan dem Buddhismus tibetischer Richtung, dem Lamaismus, anhängen. Im Mittelland und auf der Südabdachung des Himalaya, also auch in Nepal, überwiegen Hindus, während im östlichen Himalaya Stammesreligionen animistischer Prägung dominieren, in denen der Schamanismus noch immer eine wichtige Rolle spielt.

WIRTSCHAFT Die Himalaya- und Karakorum-Region war und ist extrem schwierig zu erschließen und erfordert wegen ihrer empfindlichen Ökologie eine besonders hohe Anpassungsfähigkeit des Menschen. Die über Jahrtausende an die natürlichen Gegebenheiten angepasste Landwirtschaft, in der über 90 Prozent der Menschen arbeiten, sichert vielerorts nur knapp den Eigenbedarf. Zu wenig Ackerflächen an zu steilen Hängen oder klimatische Einschränkungen in den Hochebenen, wo das Land wüstenhaften Charakter annimmt, haben die Bewohner des Dachs der Welt nicht selten gezwungen, den Ackerbau durch Viehzucht und Handel zu ergänzen. Überschüsse wurden fast ausschließlich in repräsentative Bauten investiert, seien es Residenzen, Tempel oder Klöster. Dies war dem Kunsthandwerk

Eine Gruppe von Mönchen in Gangtok, der Hauptstadt von Sikkim. Das einstige kleine Königreich zwischen Nepal, Tibet, Bhutan und Indien wurde 1975 von Indien annektiert.

zwar förderlich, ist aber auch die Ursache dafür, dass eine Industrialisierung westlicher Prägung bis heute kaum in Gang gekommen ist. Das Gebiet hat große Wasserkraft-Ressourcen, deren Nutzung dem Land die Energieimporte größtenteils ersparen könnte – bisher ist diese Energiequelle jedoch noch nicht entsprechend entwickelt. Braunkohle, Kupfer, Kohle und Eisenerz werden in geringem Maße gefördert. All dies und eine extrem hohe Analphabetismusrate bedingen, daß die Region zu den ärmsten der Erde gehört. In den letzten Jahrzehnten ist vor allem der Tourismus zu einem wesentlichen Wirtschaftsfaktor geworden, der z.B. in Nepal einen erheblichen Teil der Deviseneinnahmen aufbringt.

Schon manchem Fluggast hat die Start- und Landepiste von Lukla (2830 m) den kalten Schweiß auf die Stirn getrieben. Die holprige Bahn an einem schrägen Hang zwischen steilen Bergflanken ist der Ausgangspunkt für Touren ins Everest-Gebirge.

AUSKUNFT
WICHTIGE ADRESSEN

Allgemeine Informationen und Sicherheitshinweise:
Auswärtiges Amt der Bundesrepublik Deutschland
11013 Berlin
Telefon 030/50 00-0
Notruf (außerhalb der Dienstzeiten) 030/50 00-20 00
Fax 030-50 00-34 02
www.auswaertiges-amt.de

BHUTAN
Aviation & Tourism International GmbH
Wasserloser Straße 3a, D-63755 Alzenau
E-Mail: info@atiworld.de oder info@royalorchid.de
Internet: www.atiworld.de
(auch für Österreich und die Schweiz zuständig)

Department of Tourism
PO Box 126, BT-Thimphu
E-Mail: tab@druknet.bt
Internet: www.tourism.gov.bt

Bhutan Tourism Corporation Limited (BTCL), PO Box 159, BT-Thimphu
E-Mail: btcl@druknet.net.bt
Internet: www.kingdomofbhutan.com
(Anträge für Visa für Bhutan werden hier postalisch eingereicht.)

Honorarkonsul des Königreichs Bhutan
Bahnhofsplatz 4
D-74321 Bietigheim-Bissingen
Tel. 071 42/532 32
Fax: 071 42/546 55.

Ständige Vertretung des Königreichs Bhutan
17-19 Chemin du Champ d'Anier,
CH-1209 Genf
E-Mail: mission.bhutan@ties.itu.int
(auch für Deutschland und Österreich zuständig)

Informationen zu Ausflügen und Trekking-Touren im Land:
Bhutan Yodsel Tours and Treks, www.bhutaan.com
Yarkay Tours & Treks, www.aaboutbhutan.com

Basislager im Anapurna Sanctuary, etwa 4000 Meter hoch gelegen. Im Hintergrund die gewaltige 3000 Meter hohe Südwand der Annapurna (8091 m

DAV TREKKING
INFREK
NEPAL

Blick auf Bodnath; im Hintergrund rechts der imposante Stupa des Ortes.

NEPAL
Nepal Tourism Board
Bhrikuti Mandap, NP-Kathmandu
Postanschrift: PO Box 11018
NP-Kathmandu
E-Mail: info@ntb.org.np
www.welcomenepal.com

Botschaft des Königreichs Nepal
Guerickestr. 27, 2. Etage, D-10587 Berlin
E-Mail: rneberlin@t-online.de
Internet: www.nepalembassy-germany.com
oder www.nepalembassy-germany.de
(auch für Österreich zuständig)
Honorargeneralkonsulate in Stuttgart, Berlin, Frankfurt/Main, Hamburg, Köln und München.

Österreich:
Honorargeneralkonsulat des Königreichs Nepal, Schickgasse 25, A-1220 Wien
E-Mail: consulat@nepal.at

Schweiz:
Botschaft des Königreichs Nepal, Rue de la Servette 81, CH-1202 Genf

Informationen außerdem bei:
Freunde Nepals e.V.
Eschenloh 29, 84056 Rottenburg

TIBET
Fremdenverkehrsamt der VR China
Ilkenhansstr. 6
D-60433 Frankfurt
E-Mail: info@china-tourism.de, www.fac.de

Botschaft der VR China
Märkisches Ufer 54, 10179 Berlin
Generalkonsulate in Hamburg und München

Der Nyatpola-Tempel in Bhaktapur.

Österreich:
Botschaft der VR China
Metternichgasse 4, 1030 Wien
www.chinaembassy.at

Schweiz:
Botschaft der VR China,
Kalcheggweg 10, 3006 Bern
www.china-embassy.ch

Informationen außerdem bei:
Tibet Initiative Deutschland e.V.
Greifswalder Str. 4, 10405 Berlin
www.tibet-initiative.de

Gesellschaft für Schweizerisch-Tibetische Freundschaft (GSTF)
Binzstraße 15, 8045 Zürich
E-Mail: buero@gstf.org,
www.tibetfocus.com

Save Tibet
Lobenhauerngasse 5, 1170 Wien
E-Mail: www.safe.tibet@gmx.at
www. tibet.logic.at

INDIEN
Indisches Fremdenverkehrsamt
Basler Straße 46, 60329 Frankfurt/M.
E-Mail: info@indiatourismfrankfurt.com

Unterwegs auf einem alten Handelsweg im Kali-Gandaki-Tal. Die Schlucht ist hier eng und die Talwände sind so steil, daß die Einheimischen den Weg in die Felsen meißelten.

Träger und Touristen haben einen steilen Aufstieg aus dem Modi-Khola-Tal hinter sich gebracht und sind in Landrung (Annapurna-Gebiet) angekommen. Der Tourismus ist hier wie in einigen anderen Gebieten Nepals zur wichtigsten Einnahmequelle geworden.

oder info@india-tourism.com
www.india-tourism.com (auch für Österreich und die Schweiz zuständig).

Indische Botschaft Deutschland
Tiergartenstraße 17
10785 Berlin
www.indischebotschaft.de

Indische Botschaft Österreich
Kärntner Ring 2
1015 Wien
www.ehholidaysindia.com

Indische Botschaft Schweiz
Kirchenfeldstr. 28
3005 Bern

PAKISTAN
Botschaft der Islam. Republik Pakistan
Schaperstraße 29
10719 Berlin/Wilmersdorf
E-Mail: pakemb-berlin@t-online.de
Generalkonsulat mit Visumerteilung
in Frankfurt/M.

Österreich:
Botschaft der Islam. Republik Pakistan
Hofzeile 13
1190 Wien
E-Mail: parepvienna@hotmail.com

Schweiz:
Botschaft der Islam. Republik Pakistan
Bernastraße 47
3005 Bern
E-Mail: parepberne@bluewin.ch
Generalkonsulat in Zürich

REISEVERANSTALTER (AUSWAHL)
DAV Summit Club
Am Perlacher Forst 186, 81545 München
E-Mail: info@dav-summit-club.de
www.dav-summit-club.de

Hauser exkursionen international GmbH
Spiegelstr. 9, 81241 München
E-Mail: Hauser@hauser-exkursionen.de
www.hauser-exkursionen.de

Sigl Reisevermittlung
Dorfstraße 19, 87616 Marktoberdorf
www.erlebnisreisen-weltweit.de

ANREISE

BHUTAN
Flug nach New Delhi, mit Indian Airlines weiter nach Bagdogra, von hier aus drei Stunden Fahrzeit nach Phuntsholing; oder mit dem Flugzeug nach Bangkok, New Delhi, Kathmandu, Dhaka oder Kalkutta und mit Druk Air weiter nach Paro, einer Kleinstadt 70 km von Thimphu im westlichen Bhutan. Nähere Informationen von Aviation & Tourism International GmbH (s. Adressen).

NEPAL
Nepals nationale Fluggesellschaft Royal Nepal Airlines (RA) fliegt von Frankfurt/M. nach Kathmandu. Lufthansa bietet Flüge von Frankfurt/M. nach Kathmandu mit Umsteigen in Bangkok an. Condor bietet in der Wintersaison (Ende Sept. bis Ende April) Nonstop-Flüge von Frankfurt/M. und München nach Kathmandu an. Austrian Airlines fliegt ebenfalls nonstop von Wien nach Kathmandu.

TIBET
Per Flug über Kathmandu oder Beijing (hier anschließende Zwischenlandung in Chengdu) nach Lhasa. Von China aus gehen außerdem täglich Flüge zum Gongkar-Airport, der etwa 90 km südlich von Lhasa liegt.

Der indische Teil des Himalaya-Gebiets kann nur über New Delhi angeflogen werden. Danach geht es nur über Umwegstrecken ins jeweilige Zielgebiet.

EINREISEBESTIMMUNGEN

Für alle Staaten sind Visa erforderlich, die bei den jeweiligen Botschaften oder Konsulaten beantragt werden können, sowie Reisepässe mit mindestens sechs Monaten Gültigkeit; für manche Regionen, z.B.

Von den eisigen Höhen des Hochhimalaya, hier vom 5930 Meter hohen Ponggen Dokpu, schieben sich die Gletscher bis tief in die Täler.

Tibet und die indischen Bundesstaaten Sikkim und Arunachal Pradesh sind zusätzliche Genehmigungen notwendig. Außerdem ist teilweise der Nachweis von Rückflugtickets erforderlich. Erfolgt die Anreise nicht direkt, sondern über ein anderes Land der Region, müssen oft zusätzlich Transitvisa beantragt werden.

SONDERREGELUNGEN

Das *Königreich Bhutan* verweigert die Einreise Bergsteigern sowie Reisenden, die für Pressetätigkeiten oder zu Forschungszwecken einreisen wollen. Die Einreise nach Bhutan ist nur in Reisegruppen und mit Zustimmung des bhutanischen Ministeriums für Tourismus zulässig. Außerdem gibt es besondere (kostenträchtige) Devisenauflagen. Reiseunternehmen in Deutschland, die Bhutan-Reisen veranstalten, erledigen auch die Einreiseformalitäten (z.B. Einholung des Visums).

Für einige Gebiete in *Nepal* – Kanchenjunga, Äußeres Dolpo, Mustang, Inneres Dolpo, Manaslu, Humla – müssen zusätzlich Trekking-Permits beantragt werden. Die Einfuhr der Landeswährung und der indischen Währung ist verboten. Unbegrenzte Einfuhr von Fremdwährungen, Deklarationspflicht.

Visa für *China* müssen persönlich bei der Botschaft oder beim Konsulat beantragt werden, zusätzlich ist eine Einreisegenehmigung für *Tibet* notwendig. Individualreisen nach Tibet sind zeitweise nicht möglich, nur organisierte Reisegruppen sind zugelassen (mindestens fünf Teilnehmer). *Indien*: Für Reisen in die Bundesstaaten Arunachal Pradesh und Sikkim in den Hochgebirgsregionen sind Sondergenehmigungen erforderlich. *Sonstiges*: s. www. auswaertiges-amt.de

KLIMA UND REISEZEIT

Im Süden des Gebirges wirken die Monsune von Juni bis September wetterbestimmend, im Norden der Hauptketten ist der Einfluß der riesigen Landmasse des innerasiatischen Hochlandes für das Klima entscheidend. Die Temperaturverhältnisse im Himalaya hängen in erster Linie von der Höhenlage ab, während für die Niederschläge Jahreszeit und Position des jeweiligen Gebiets innerhalb der Gebirgskette von größter Bedeutung sind.

Für Bergsicht und Trekking empfiehlt sich bei den meisten Zielen das Winterhalbjahr, das aber auch kühler ist; einige Pässe und Landwege, z.B. nach Ladagh sind dann evtl. nicht mehr zugänglich. Manche Ziele eignen sich daher besser für Frühjahr oder Herbst. Für Nepal ist der November empfehlenswert. Die trockenen Hochtäler im äußersten Norden der Himalaya-Region können, wie Tibet, auch im Sommer besucht werden; allerdings sind die Bergriesen dann häufig in den Wolken verschwunden und die Anreise ist wegen des regenreichen Monsuns und der schwülen Witterung beschwerlich. Bhutan ist während der Rhododendren-Blüte im Mai besonders schön.

GESUNDHEIT

Malariaprophylaxe ist grundsätzlich empfehlenswert, da Malaria ganzjährig in niedrigeren Lagen und bewaldeten Gebieten vorkommt. Ebenso ist ein Impfschutz gegen Hepatitis A ratsam, bei Langzeitaufenthalten auch gegen Hepatitis B. Wasser zum Trinken wie zum Zähneputzen sollte unbedingt vorher abgekocht werden. Milch ist nicht pasteurisiert und sollte ebenfalls abgekocht werden. Milchprodukte aus ungekochter Milch, Schweinefleisch, Rohkostsalate und Mayonnaise am besten vermeiden. Fleisch- und Fischge-

Oben: Der Manasarovar-See südlich des Kailash ist nic[ht] nur den Buddhisten, sondern auc[h] den Hindus heilig 1948 wurde ein Teil der Asche von Mahatma Gandhi in seine Fluten gestreut.

Links oben: Ein typisches, aus dunkler Yakwolle gewebtes Nomadenzelt in Ngari, Westtibet.

Links: Eine Schafherde überquert eine Brücke bei Ts[...]gang. Nach dem Monsunregen im Sommer verwandeln sich die Bäch[e] und Flüsse in Kha[...] in reißende Ströme[,] viele Dörfer sind dann tagelang von ihrer Umwelt abgeschnitten.

Rechts: Reiter bei Xiewu im Norden Khams, die ihre Gesichter mit Tüchern gegen Wind, Sonne und Staub schützen.

Ganz rechts von oben nach unten: Auf dem Weg zum Markt von Kathmandu. Mönche im Kloster Thupten Choling bei Junbesi. In Swayambunath: Gießen von heiligem Ghee.

richte nur durchgegart und heiß serviert essen. Gemüse sollte gekocht und Obst geschält werden. Außer einer gut ausgerüsteten Reiseapotheke sind wetterfeste und ausreichend warme und leichte Kleidung sowie Sonnenschutzmittel mit hohem Lichtschutzfaktor obligatorisch.
Die größte Gefahr geht von der sogenannten Höhenkrankheit aus (ab ca. 2500 m), der man nur mit vernünftiger, d.h. vor allem individuell unterschiedlich langsamer (!) Höhenanpassung und zusätzlicher Flüssigkeitszufuhr (über 3000 m etwa 4 bis 5 l täglich trinken) vorbeugen kann. Eine Reisekrankenversicherung sollte selbstverständlich sein, eine Reiserückholversicherung ist empfehlenswert.

IN DER BERGWELT UNTERWEGS

Die Möglichkeiten reichen von der erholsamen Kultur- und Bildungsreise mit Klosteraufenthalten, bei denen die Möglichkeit spiritueller Unterweisung und Einführung in buddhistische bzw. lamaistische Meditationstechniken besteht, über Trekkingtouren unterschiedlicher Dauer von leicht bis anspruchsvoll bis hin zu extremen Bergtouren zu den höchsten Gipfeln oder zumindest deren Basislagern; diese sind ausschließlich für erfahrene und durchtrainierte Bergsteiger gedacht und oft an sehr teure Genehmigungen geknüpft.
Seriöse Reiseveranstalter bieten oftmals gemischte Programme für die unterschiedlichen Bedürfnisse und sportliche Kondition der Reisenden an; die Reisegruppen sind jeweils angenehm klein.
Etwas sportlich sollte man schon sein, wenn man zu Fuß auf dem Dach der Welt unterwegs sein will, auch wenn man keine Gipfel besteigt. Wenn man nicht schon von zu Hause aus eine Trekking-Tour gebucht hat, so bieten teilweise auch Reisebüros am Zielort Tagesausflüge in die Berge mit Begleitung oder Gruppen-Treks von mehreren Tagen Dauer an. Die Landschaft ist oft rauh und zerklüftet, aber immer aufregend schön; die Wege sind unbefestigt. Die kurzen, populärsten Strecken sind für Geübte auch ohne Führung zu bewältigen, meist empfiehlt sich jedoch ein erfahrener Führer. Das Gepäck wird von Yaks, Maultieren oder Ponys transportiert. Unterwegs übernachtet wird in Camps oder Lodges (einfache Gästehäuser).

BHUTAN

Die nationale Fluggesellschaft von Bhutan, Druk Air, bietet einen einstündigen Rundflug über den Bergen an – das sogenannten »Königreich der Luft«, bei dem man eine atemberaubende Aussicht über die Berge, Seen und Wasserfälle des Landes hat. Das Straßennetz ist ziemlich gut ausgebaut, so dass Bus-Ausflugsfahrten in der Regel ohne Beeinträchtigungen relativ bequem verlaufen. Es gibt nur organisierte Gruppenreisen und Individualreisen mit einheimischen Führern. Für den Besuch der einzigartigen Dzongs (Felsenklöster) sowie des Manas Game Sanctuary (Wildreservat) im südöstlichen Bhutan sind Sondergenehmigungen erforderlich.

NEPAL

Die größeren Städte des Landes werden von Kathmandu aus mit dem internen Flugnetz verbunden. Viele dieser Flüge bieten eine einmalige Aussicht über die Berge. Royal Nepal Airlines (RA) bietet Flüge zu 21 Inlandzielen an. Hubschrauber können ebenfalls gemietet werden. Einige Reisebüros bieten Flüge mit einem Kleinflugzeug über den Mount Everest an. Man kann auch von Jomosom und anderen Ortschaften westlich der Hauptstadt Flüge über die eindrucksvolle Annapurna-Bergkette buchen. Bei Fahrten über Land sollten ausschließlich gekennzeichnete Touristenbusse benutzt werden. Komfortable Touristenbusse stehen auf den Strecken Kathmandu - Pokhara und Kathmandu - Chitwan zur Verfügung.

Das Angebot an Trekking-Touren mit unterschiedlichem Schwierigkeitsgrad ist groß. Bei manchen Reisebüros kann man Pauschalangebote buchen, die zuvor gemeinsam mit lokalen Trekkingspezialisten zusammengestellt wurden. Zahlreiche offizielle Trekkingagenturen in Kathmandu organisieren Touren einschließlich Führer, Träger, Koch, Verpflegung, Zelte, Schlafsäcke, Matratzen, Karten, Erlaubnisscheine und Versicherung. Trekkingtouren nach Dolpa, Kanchanjunga, Makalu und ins nördliche Mustang sind nur durch offizielle Agenturen möglich. Für Touren in die Nationalparks und die Annapurna Naturschutzzone werden Gebühren erhoben.

Es wird empfohlen, nicht alleine zu trekken, nur bekannte Routen zu benutzen, in Gruppen zu bleiben, ausschließlich seriöse Agenturen und Führer zu nutzen, vor Aufsuchen abgelegener Gebiete aktuelle Informationen über die Sicherheitslage einzuholen (z.B. bei der Deutschen Botschaft in Kathmandu oder bei den Reiseveranstaltern, s. Adressen).

TIBET

Es können nur die Orte Lhasa, Chamdo, Golmud und Xining angeflogen werden. Eine Eisenbahnlinie führt von der chinesischen Provinz Qinghai auf das tibetische Hochland. In Zentraltibet gibt es ein relativ dichtes Busnetz. In der Umgebung der Klöster lassen sich oft sehr schöne Wan-

Links: Über dem Tal des Kali Gandaki bei Tukche.

Unten: Die eindrucksvolle Schlucht des Kali Gandaki bei Rupse.

Oben: Der Ort Gandruk vor dem Annapurna-Süd.

Rechts: Blick vom Basislager auf den Annapurna-Gletscher.

derungen machen, die einzigartige Begegnungen mit Land und Leuten ermöglichen. Trekkingtouren sind nur in angemeldeten Reisegruppen erlaubt. Zu den bekanntesten und relativ leichten Touren zählt die alte Pilgerroute längs des Karnaliflußtals über einen 4600 Meter hohen Paß nach Purang, dem Zentrum des tibetisch-nepalesischen Wollhandels mit einer alten Gompa (Khojarnath-Kloster). Ein spirituelles Erlebnis besonderer Art ist außerdem Parikrama, d.h. die pilgermäßige Umrundung des Kailash.

UNTERKUNFT

Von wenigen Orten wie Paro, Kathmandu, Lhasa, Srinagar und Darjeeling einmal abgesehen, kann in den Bergen nicht mit Hotels von internationalem Standard gerechnet werden. Ansonsten übernachtet man in relativ sauberen, aber einfachen Gästehäusern oder sogenannten Lodges, die sehr unterschiedliche Qualität aufweisen – von der Art einer einfachen Pension mit Einzel- und Doppelzimmern und Dusche bis zum Massenlager mit Pritschen. Je nach Reiseplan empfiehlt sich, Isomatte, Zelt und Schlafsack mitzunehmen.

ESSEN UND TRINKEN

Reis ist das Grundnahrungsmittel, dazu gibt es Linsen (Dal) oder scharfes Gemüsecurry. Omelettes, Käse, Schweine- und Yakfleisch, manchmal auch Hühnerfleisch stehen auf der Speisekarte. Oft ißt man auch Chapatis und Tsampa (Gerstenbrei mit Tee, ein traditionelles Gericht der Bergbevölkerung). Süße und herzhafte Zwischenmahlzeiten sind Jalebi, Laddus und Mukdal. Zu den regionalen Besonderheiten gehört Gurr, ein Sherpa-Gericht aus rohen, zerstampften Kartoffeln mit Gewürzen, die dann wie Pfannkuchen auf einem heißen, flachen Stein gegart werden. Tibetanische Spezialitäten sind Thukba (dicke Suppe) und Momos (gefüllte Teigwaren, gebraten oder gekocht), ebenso gebratene oder gekochte Fleischklößchen sowie vegetarische Reisgerichte. Weit verbreitet ist in Tibet auch die chinesische Küche.

Dazu trinkt man süßen (oder auch salzigen) Tee, an Festtagen und in den Bergen mit Yakbutter vermischt. Aus Getreide gebrauter Chang und Temka haben einen niedrigen Alkoholgehalt, destillierter Arak (Kartoffelschnaps) oder Raksi (Weizen- oder Reisschnaps) sind dagegen recht stark.

VERHALTENSTIPS

Schauen Sie und lassen Sie schauen! Die Neugier der Bewohner – vor allem der Kinder – ist meist ebenso groß wie ihre Gastfreundschaft, Fremde werden auf Tuchfühlung umringt. Beim Fotografieren sollte jedoch immer im Voraus das Einverständnis der Menschen eingeholt werden, sei es mit Worten oder Gesten. Tempel, Paläste und Kultstätten von außen und Feste zu fotografieren ist erlaubt. Religiöse Zeremonien oder das Innere von Tempeln dürfen in der Regel nicht fotografiert werden. Sich landesüblichen Bräuchen anzupassen, Respekt vor religiösen Handlungen und Kultstätten zu haben, sollte selbstverständlich sein. Außer zu formalen Gesellschaftstreffen wird zwanglose Kleidung akzeptiert. Bloße Beine, Bäuche, Dekolletés, unbedeckte Schultern und Rücken sollten in der Öffentlichkeit nicht gezeigt werden. Ebenso ist das Austauschen von Zärtlichkeiten in der Öffentlichkeit verpönt. Trinkgeld wird nur in Touristenhotels und Restaurants erwartet. Taxifahrer erwarten nur dann ein Trinkgeld (zwischen 5 und 10 Prozent), wenn sie besonders hilfsbereit waren. Sonst ist kein Trinkgeld angebracht.

Geduld, Höflichkeit und Lächeln nehmen die Menschen immer für Sie ein. Ahmen Sie die Begrüßungs- und Dankesformeln und -gesten der Einheimischen nach. Bei aufdringlichen Händlern und bettelnden Kindern fahren Sie mit neutralem Ignorieren sicher am besten. Kindern – gleich ob sie nun betteln oder nicht – etwas zu geben, ist ein grober Frevel, denn so werden sie nur zum Betteln ermuntert oder gar erzogen. Wer wirklich Gutes tun will, der hat die Möglichkeit, Kinder aus der Dritten Welt durch Übernahme von Patenschaften zu unterstützen.

FESTE UND FEIERTAGE

Feste ohne Ende – kein Wunder, wenn man bedenkt, wie groß der betrachtete Raum ist. Im Grunde wird im Himalaya an jedem Tag irgendwo ein Feiertag begangen. Viele Feste sind allerdings nur für bestimmte Bevölkerungsgruppen oder Gegenden von Bedeutung. Ein beträchtlicher Teil der Bevölkerung, insbesondere die Buddhisten in Tibet, Nepal (Bhotia) und Bhutan etwa, begeht zum Februar-Neumond das *Losar*, das Neujahrsfest. Besonders eindrucksvoll sind für Fremde wie Einheimische auch die Maskentänze anläßlich der großen lamaistischen Klosterfeste in Tibet, Ladakh, Sikkim, Nepal und Bhutan. Manche Reiseveranstalter organisieren Programme zu solchen Festen. Zu den berühmtesten gehören das – inzwischen von Touristen stark frequentierte – *Paro Tsechu* (März/ April) in Bhutan (siehe Seite 79) und die *ladakhischen Mysterienspiele* in der Hemis Gömpa (Juni/Juli). Eines der großen Hindu-Feste in Nepal ist *Shiva Ratri* (Februar/März), an dem Shiva zu Ehren auf Wallfahrt gegangen wird. Große Tempelwagen sind zu bewundern, wenn im Kathmandu-Tal die Feste *Seto Machhendranath* (März/April), *Bisket Jatra* und *Rato Machhendranath* (April/Mai), *Trisul Jatra* (Juni/Juli) sowie *Indra Jatra* (August/September) gefeiert werden. Die vom Islam geprägten Gebiete im West-Himalaya kennen gleichfalls großartige Feste – wie *Maulud*, die Geburts- und Todesfeier für den Propheten Mohammed, und die Gedenkfeiern zum Märtyrertod des Prophetenenkels Hussein, zu denen vor allem die schiitischen Moslems unter Klagegesängen und Selbstgeißelungen Prozessionen veranstalten. Wegen der Kürze des Mondjahres, nach dem sich der islamische Kalender richtet, verschieben sich die Daten der Feste im Jahresablauf.

1

3

2

SEHENSWERTE ORTE VON A BIS Z

Ziffern im Kreis verweisen auf die Karten

ANNAPURNA ①. Das Massiv des erstbestiegenen Achttausenders (8091 m) erfreut sich ungebrochener Beliebtheit bei Trekkern und Bergsteigern. Das dürfte neben der außergewöhnlichen Schönheit eines seiner niedrigeren Gipfel – des *Machapuchare* – an der leichten Erreichbarkeit des Annapurna liegen: Mit dem Überlandbus ist es möglich, bis Pokhara und damit in unmittelbare Sichtweite der imposanten Gipfelkette zu gelangen. Pokhara ist Ausgangspunkt zahlreicher Treks in die unmittelbare Umgebung des Achttausenders. Nördlich des von bewaldeten Hängen und grünen Terrassenfeldern umgebenen *Phewa*-Sees führt der Hauptwanderweg hinüber nach Birethanti, wo der Jomosom-Trek nordwestwärts in die Kali-Gandaki-Schlucht abbiegt. Ein weiterer Weg folgt dem Flußtal des Modi Khola hinauf zum *Annapurna Base Camp*.

ARUNACHAL PRADESH ②. Obwohl östlich von Sikkim kein einziger Berg mehr die Achttausender-Marke erreicht, ist der Ost-

1 Ein Festtag in Bhutan. Die Frauen haben sich fein gemacht – typisch für sie der farbenfrohe Kira (das lange Kleid) und der Haarschnitt.

2 Felder bei der Ortschaft Kagbeni am Fluß Kali Gandaki.

3 *Skardu, die Hauptstadt von Baltistan, liegt 2400 Meter hoch in einem großen Talbecken des Indus und ist über die Straße und mit dem Flugzeug erreichbar. Skardu ist Ausgangspunkt für die meisten Touren in den Karakorum.*

4 *Das Annapurna-Massiv ist eines der gefragtesten Trekkingziele im Himalaya. Besonders der Jomosom-Trek und die Annapurna-Umrundung sind beliebte Routen.*

DER JOMOSOM-TREK

Der meistbegangene Trek im Himalaya wird wegen seines in der oberen Kali-Gandaki-Schlucht gelegenen Ziels, des Ortes Jomosom, nach diesem benannt. Ausgangspunkt ist das nepalische Städtchen Pokhara, von wo der Weg zunächst westwärts über das Tal des Phewa-Sees oder durch das Flußtal des Seti nach Naudanda hinaufführt. Hinter Tatopani beginnt die Takkhola (siehe Seite 35). In einer großartigen Durchbruchsschlucht folgen Sie dem Kali Gandaki flußaufwärts – eingerahmt von den Achttausendern Dhaulagiri und Annapurna. In Jomosom zweigt die Route über Muktinath nach Osten ab, wo vor dem Abstieg über die Nordhänge des Annapurna-Massivs nach Manang der 5400 Meter hohe Thorong-Paß überquert werden muß. Eine Umrundung des Massivs kann in drei Wochen anspruchsvoller Bergwanderung bewältigt werden.

Himalaya von berückender Schönheit. Die auch hier noch anzutreffenden Eisriesen, von denen im »Land der aufgehenden Sonne« der *Kangtö* (7090 m) am höchsten aufragt, scheinen im saftigen Grün subtropischer Wälder und tropischen Dschungels zu schwimmen. Nicht wegen seiner dünnen Besiedlung gehört dieser jüngste indische Bundesstaat zu den unerschlossensten, sondern wegen der zahlreichen, bis in die Moderne kaum kontrollierbaren Bergstämme, die sich keiner Staatlichkeit unterordnen wollten. Wenig ist daher über diesen Raum bekannt, zumal der Bundesstaat Fremden bis 1995 verschlossen war. Inzwischen können Kleingruppen die Genehmigung zum Besuch der Stammesgebiete um Itanagar, Ziro, Daparizo und Pasighat sowie den *Namdapha-Nationalpark* erhalten. Erreichbar sind diese Orte über die assamesischen Flugplätze Gawahati und Dibrugarh, von wo es zu Wasser über den Brahmaputra und dann per Jeep über Land weitergeht. Über die klassische Durchgangsroute vom südtibetischen Tsangpo-Tal ins indische Tiefland, der auch der 14. Dalai Lama auf seiner Flucht ins Exil folgte, erreichen Jeeps das geologisch dem Tibet-Plateau zugehörige *Hochtal von Tawang*. Hier liegt ein 1680 gegründetes lamaistisches Kloster der Gelugpa-Schule.

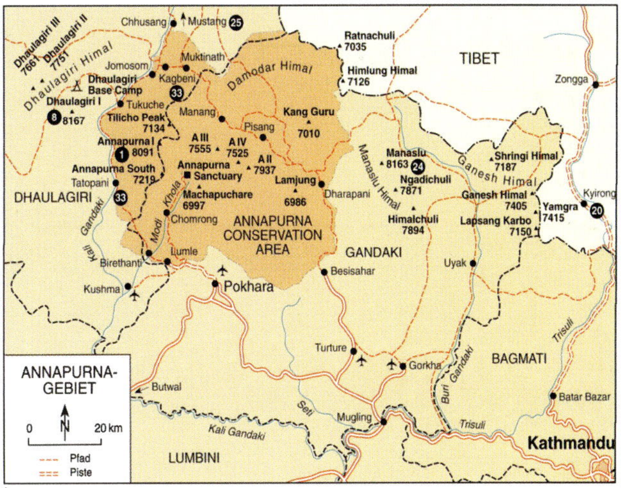

4

BALTISTAN ③. Pakistans »Klein-Tibet« liegt am Oberlauf des Indus. Eingerahmt vom Deosai-Plateau im Süden und den höchsten Gipfeln der Karakorum-Kette im Norden, lassen sich vom Hauptort Skardu aus die kristallklaren Seen Kachura und Satpura sowie das *Kaplu-Tal* besuchen, dessen Äpfel als die besten von ganz Pakistan gelten. Über das bei Skardu ins Indus-Tal mündende *Shigar-Tal*, das in unteren Lagen einem Obstgarten gleicht, gelangt der Trekker zum *Baltoro-Gletscher* und damit an den Fuß der höchsten Karakorum-Berge *Chogori* (→ K 2), → Gasherbrum und Broad Peak (→ Gasherbrum).

BHUTAN ④. Druk-Yul, das »Drachenland«, liegt im östlichen Teil des Himalaya. Sein gemäßigtes Klima im gebirgigen Mittelland und der subtropisch-feuchte Süden lassen das buddhistische Königreich über große Strecken als ein grünes, bewaldetes Paradies erscheinen. Für viele Fremde blieb Bhutan bis in die Neuzeit ein Land »jenseits ihres Horizonts«. Sein Ruf als letztes »Shangri La« – eine Art Paradies auf Erden –, den es sich nicht zuletzt durch seine streng ökologisch-traditionell orientierte Politik erwarb, überdeckt die wirtschaftlichen Entwicklungsprobleme. Zunehmend verschärfen sich die Widersprüche zwischen Tradition und Moderne, die zu beobachten zu den Reizen einer Bhutan-Reise gehört. Bei den angebotenen Reisen stehen kulturelle Programme im Vordergrund – Besuche der Klosterburgen, farbenprächtigen Feste mit Maskentänzen und religiösen Zeremonien. Wegen der Lage Bhutans in tief in die Berge eingegrabenen Tälern werden Sie auf den angebotenen Reisen nur wenige der Schneeberge sehen, die das Land im Norden und Nordwesten nach Tibet hin abgrenzen. Zwar reicht keiner der Gipfel im Drachenland auf 8000 Meter, doch die mystisch-magische Dimension, die Bergriesen wie *Chomolhari* und *Kula Kangri* göttlichen Rang verleiht, macht eine Trekking-Reise in die Himalaya-Bergwelt Bhutans wahrlich zu einer Begegnung mit dem Horizont.

BROAD PEAK ⑤ → Gasherbrum.

CHO OYU ⑥. Der »kleine, anmutige Bruder« des *Mt. Everest* mit seinem harmonisch gerundeten Gipfel (8201 m) beeindruckt vor allem durch seine 3000 Meter hohe Südwand, die 1978 erstmals durchstiegen wurde. Um von der nepalischen Südseite freie Sicht auf den Cho Oyu zu haben, benötigt man drei bis vier Trekking-Tage von der Flugpiste in Lukla. Der Weg über den Khumbu-Hauptort Namche Bazar führt bis zu dem auf halbem Weg zum *Everest Base Camp* gelegenen Pheriche, von dessen Umgebung aus der Cho Oyu im Norden zu sehen ist. Viel imposanter aber wirkt er, wenn Sie ihn von der tibetischen Seite sehen. Von Lhasa kommende und meist dem Everest-Blick entgegenfiebernde Reisende erstaunen gewöhnlich, wenn beim alten Ort Tingri ein weites Tal den Blick auf die Schnee- und Gletschermasse des Cho Oyu freigibt, während der Welt höchster Berg als »kleine schwarzgraue Maus« hinter einer Bergkette hervorlugt.

DARJEELING ⑦. Hier richteten sich die Briten einst inmitten der von ihnen angelegten Teeplantagen ihre Sommerfrische ein. Heute ist es das Flair einer Mischung aus Orient, Kolonialzeit und Dach der Welt, welche die Touristen anzieht – und vor allem die Hoffnung, vom 450 Meter höhergelegenen Aussichtspunkt *Tiger Hill* einen Blick auf den dritthöchsten Berg der Welt, den *Kangchendzönga*, zu erhaschen. Wer sich in Darjeeling um fünf Uhr morgens zur Abfahrt der Jeeps auf den »Tigerhügel« einfindet, freut sich auf eine den ganzen Sikkim-Himalaya beleuchtende Sonne. Wenn das Wetter mitspielt, begrenzen nicht die Wolken, sondern die aufragenden Gipfel des mächtigen Kangchendzönga-Massivs den Horizont.

DHAULAGIRI ⑧. Die tiefe Schlucht des Kali Gandaki trennt Zentralnepal von Westnepal. Darüber thront, gleich einer Mauer aus Fels, Schnee und Eis, das 40 Kilometer lange Massiv des 8167 Meter hohen *Dhaulagiri*. Die Schneepyramide, die dem Berg den Namen »Weißer Berg« eingebracht hat, wurde bei ersten Erkundungen 1950 für unbesteigbar gehalten und gilt bis heute als einer der schwierigsten Achttausender. Da er die westlich und nördlich von ihm liegenden Gebiete abschirmt, erfolgt der Zugang zum Massiv für Trekker von Südosten über Pokhara und den Jomosom-Trek. Nachdem der Berg mehrfach von Norden angegangen worden war, erfolgte die Erstbesteigung 1960 schließlich über den Nordostgrat.

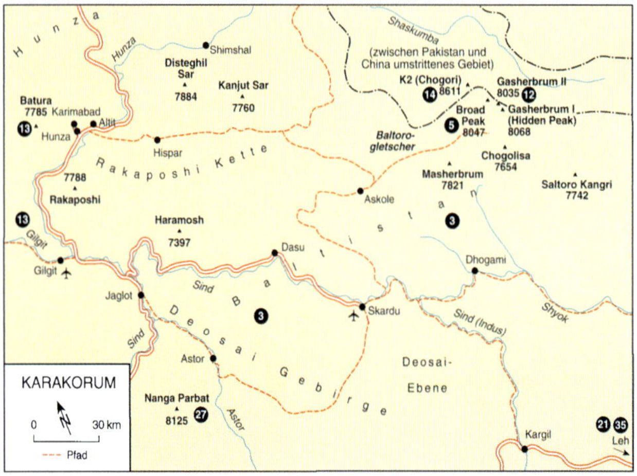

Links: Die Gebirgsketten des Karakorum zählen zu den höchsten und gefährlichsten der Welt. Hier liegen der »Berg der Berge«, der K 2, und der berüchtigte Nanga Parbat.

Rechts: Träger queren den Miar-Gletscher im westlichen Karakorum. Die Wasserlöcher im Vordergrund des Bildes entstehen, wenn kleine Steine an der Eisoberfläche von der Sonne so stark erwärmt werden, daß sie einschmelzen und absinken.

DOLPO ⑨. Im Norden durch Randgebirge von Tibet getrennt, wird die in vielerlei Hinsicht isolierte nordwestnepalische Trockenzone mit der Region Dolpo durch die Himalaya-Hauptkette sogar vor den indischen Monsun-Niederschlägen aus Süden abgeschirmt. Nur knapp 5000 tibetischstämmige Bhotia bewohnen das schwer zu erreichende Hochland; sie haben trotz Armut und hartem Überlebenskampf kleine Tempel und Schreine der in Tibet selbst fast völlig verdrängten alttibetischen Bön-Religion bewahrt.

Oben: Geschützt unterhalb der alten Stirnmoräne des Rongbuk-Gletschers liegt in 5100 Meter Höhe das Everest Basislager. Hier im Norden, auf der tibetischen Seite, versuchten britische Expeditionen in den Jahren von 1921 bis 1947, den höchsten Berg zu besteigen.

Gaumukh, das Kuhmaul mit dem Austritt der Bhagirathi aus dem Gletschertor des Gangotri-Gletschers, ist für Hindus ein besonders heiliger Platz, ein Pilgerort von großer Bedeutung. Hier nimmt der wichtigste Quellfluß der heiligen Ganga seinen Lauf.

MT. EVEREST ⑩. Der mit 8848 Meter höchste Berg der Erde war bei der ersten kartographischen Erfassung des Dachs der Welt in den vierziger Jahren des vorigen Jahrhunderts noch ganz unpathetisch als »Peak XV« bezeichnet worden. Erst nach Jahrzehnten wurde zweifelsfrei festgestellt, daß die – von Süden gesehen – kleine, unscheinbare Bergpyramide hinter den vor ihr liegenden und mächtiger wirkenden Gipfeln den höchsten Punkt unserer Erde trägt (siehe Seite 101). Der älteste bekannte Name des Berges, Chomolangma, verehrt die auf ihm thronende tibetische Berggöttin und »Beschützerin der Yaks«, *Chomo* Miyo*lang*sang*ma*. Von Tibet aus wurden in den zwanziger Jahren die ersten Besteigungsversuche unternommen. Tatsächlich gelang der Gipfelsieg aber erst drei Jahrzehnte später, als sich Nepal für Fremde geöffnet hatte und der Neuseeländer Hillary den Gipfel zusammen mit dem Sherpa Tenzing erreichte. Der nepalische Name *Sagarmatha*, »Himmelskönig«, stammt erst aus jüngster Zeit und wurde auch namengebend für den großen, das Everest-Gebiet umgebenden *Nationalpark*, der 1976 in Khumbu eingerichtet wurde. Für den Trek vom Landeplatz in Lukla zum nepalischen *Everest Base Camp* (etwa 5400 m ü. M.) benötigen bereits an die Höhe angepaßte Trekker fünf Tage bis eine Woche. Wachsender Beliebtheit erfreut sich das Base Camp auf der tibetischen Seite, das von Shekar und Tingri an der Route Kathmandu–Lhasa in einem halben Tag Jeepfahrt oder nach fünftägiger Wanderung zu erreichen ist. Einfache Übernachtungsmöglichkeiten bietet dort das *Rongbuk-Kloster* in über 5000 Meter Höhe, umgeben von schroffen Felsen, Schotterhängen und Gletschermassen.

GANGOTRI und **GARHWAL HIMAL** ⑪. Das Heiligtum der Flußgöttin Ganga, Gangotri, findet sich im nördlichen Teil des indischen Bundesstaats Uttar Pradesh. Die eigentliche Gangesquelle liegt – eingerahmt von bis zu 7000 Meter hohen Schneegipfeln des Garhwal Himal – 18 Kilometer flußaufwärts am heiligen Ort *Gaumukh*, dem »Kuhmaul«, wie das Tor des Gangotri-Gletschers (3900 m) heißt. Gleich den drei anderen heiligen Pilgerorten in diesem Teil des Himalaya, Yamunotri, Kedarnath und Badrinath, ist Gangotri von Delhi am besten per Autobus über Rishikesh und Mussoorie zu erreichen. Landschaftlich abwechslungsreiche Trekking-Routen verbinden alle heiligen Stätten miteinander, so daß man leicht mehrere Wochen in diesem wenig besuchten Teil des Himalaya verbringen kann. Der Nordosten des Garhwal und Kumaon Himal bildet in einer zum Naturpark erklären, stark vergletscherten Gebirgszone den Ausgangspunkt zur Besteigung der 7816 Meter hohen *Nanda Devi*, des höchsten Berges Indiens.

GASHERBRUM ⑫. Von Skardu aus ist der Aussichtsplatz *Concordia* zu erwandern, der den großartigsten Ausblick auf die unwirklich anmutende Eis- und Gebirgswelt des Karakorum bietet. Wie vier Brüder schließen sich die Gasherbrum-Gipfel südostwärts an den → *K 2* und *Broad Peak* an. Zwei unter ihnen sind Achttausender: Gasherbrum I (auch Hidden Peak; 8068 m) und II (8035 m), während die beiden anderen, Gasherbrum III (7952 m) und IV (7925 m) knapp darunter bleiben. Weiter südlich erheben sich mit *Saltoro Kangri* (7742 m), *Chogolisa* (7654 m) und *Masherbrum* (7821 m) weitere imposante Siebentausender, von denen es im Karakorum etwa 130 gibt.

GILGIT und **HUNZA** ⑬. Das 1454 Meter hoch gelegene Städtchen Gilgit ist namengebend für den großen Gebirgsdistrikt im Norden Pakistans. Eingerahmt von schneebedeckten Bergketten, die im *Haramosh* und *Rakaposhi* bis weit über 7000 Meter reichen, lädt das liebliche Tal zu ausgiebigen Wanderungen in die Umgebung ein. Mit seinen interessanten Basaren, die in ihrem Angebot aus China gehandelte Waren (wie Seide) ebenso führen wie einheimische Silberarbeiten, handgewebte Wollstoffe und Stickereien, und einer guten touristischen Infrastruktur bietet sich Gilgit als Stützpunkt für die Erkundung der umgebenden Bergwelt an. Es liegt zentral zwischen verschiedenen Stammesgebieten. Westwärts erstreckt sich das etwa 200 Kilometer lange Gilgit-Flußtal, nach Osten hin ist Skardu in Baltistan zu erreichen, während im Norden das berühmte Hunza-Flußtal lockt. Das einstige gleichnamige Kleinfürstentum ist erst 1974 dem pakistanischen Staatsverband eingegliedert worden. Dessen Hauptort Karimabad breitet sich auf einer der gewaltigen Karakorum-Schotterterrassen hoch über dem Hunza aus. Von weitem wirken die kleinen Siedlungen im Hunza-Land völlig unscheinbar, gehen sie im Panorama der zahllosen spitz gezackten Berggipfel und riesigen Schotterflächen fast unter. Einmalig ist der Kontrast der kleinen grünen Oasen inmitten einer öden, ausgedörrten Bergwelt, die von Schneefeldern und schroffen Felsen gekrönt wird. Die Hunzakutz genannten Einwohner des Tals und die Gilgitis sind die »Sherpa« des West-Himalaya und Karakorum: Sie zählen zu den besten Expeditionsbegleitern der Welt.

K 2/CHOGORI (auch Dapsang, Mt. Godwin Austen) ⑭. Unter dem phantasielosen Namen K 2 ist der mit 8611 Metern zweithöchste Gipfel der Erde bekannt geworden. Der Anmarsch auf sein Massiv beginnt in Skardu (Baltistan) per Jeep durch das *Shigar-Tal*, bis der Fahrweg kurz vor Askole endet. Von dort geht es auf einer zunehmend schwieriger werdenden Wanderung vorbei am *Biafo-Gletscher* und schließlich bis Liliwa und Urdukoss in unmittelbarer Nähe des gewaltigen *Baltoro-Gletschers*. Dann führt der Weg über den Baltoro-Gletscher hinein in die Eiswelt des Karakorum. In *Concordia* bietet sich der großartigste Ausblick auf die fast unwirklich anmutende Eis- und Gebirgswelt. Hier ist das Gebiet, in dem sich im Umkreis von 20 Kilometern nicht nur die dichteste und beeindruckendste Konzentration von höchsten Gipfeln der Welt auftürmt, sondern das außerhalb der Polargebiete auch die stärkste Vergletscherung aufweist. Für eine Trekking-Tour von Skardu über Concordia und weiter bis ins Lager Chogolisa sollten hin und zurück zwischen 20 und 30 Tage veranschlagt werden.

KAILASH-REGION ⑮. Siehe nebenstehenden Informationstext.

KANGCHENDZÖNGA ⑯. Als einer der heiligsten Berge des Himalaya thront der Hüter der »Fünf Schätze des Großen Schnees« 8598 Meter hoch auf der Grenze von Nepal, Sikkim und Tibet. Am häufigsten hat man einen guten Blick auf den Bergriesen von Darjeeling aus. Die Wanderung von Sikkim aus an den Südosthang des Kangchendzönga beginnt im Dorf Yuksam. An den nördlichsten Punkt dieses Treks, *Goecha La*, gelangen Sie nach einer zwölftägigen Tour. Die Basislager für die meisten Besteigungen werden jedoch

Manasarovar, einer der beiden großen Seen in der Kailash-Region, liegt in einer ausgedehnten Hochebene.

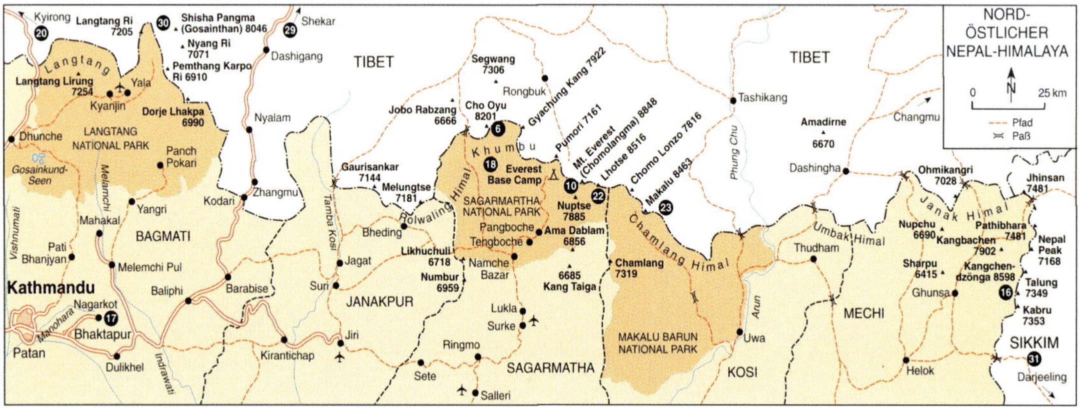

Im Nordosten Nepals liegen einige der bekanntesten Achttausender: Kangchendzönga, Makalu, Lhotse, Mt. Everest, Cho Oyu und – bereits auf tibetischem Gebiet – Shisha Pangma.

DIE KAILASH-REGION

Eine der faszinierendsten Landschaften auf dem Dach der Welt liegt im Dreiländereck Indien, Nepal und Tibet. Zwischen dem langgestreckten Himalaya-Riesen Gurla Mandata (7739 m) und der Spitze des Heiligen Berges Kailash (6656 m) liegen, eingebettet in eine ausgedehnte Hochebene, die je nach Lichtverhältnissen in tief- bis azurblauen und türkisen Farbtönen schimmernden Seen Rakas Tal und Manasarovar. Den Hindus, Buddhisten und Anhängern des Bön heilig, wird dieses traumhafte Fleckchen Erde seit Jahrhunderten von Pilgern aufgesucht. Hauptanliegen solcher Pilgerfahrten ist die segenbringende Umwandlung des Kailash, den die Tibeter Kang Rinpoche, »Schneejuwel«, nennen und der ihnen als die Weltenachse gilt. Hindus glauben auf seiner markanten weißen Spitze die Residenz ihres Gottes Shiva. Je nach Jahreszeit kann die Region von Lhasa aus in vier bis sechs Tagen Jeepfahrt erreicht werden.

1

2

1 Blick vom Stupa Svayambhunath auf die Hauptstadt Nepals. Kathmandu und das gleichnamige Tal beherbergen rund eine Million Menschen.

2 Die Sherpa-Siedlung Namche Bazar im Everest-Gebiet.

fast immer auf der nepalischen Südwestseite des Eisriesen im Tal des *Yalung-Gletschers* errichtet.

KATHMANDU-TAL ⑰. Die nepalische Hauptstadt ist mit Sicherheit der meistbesuchte Ort im gesamten Himalaya-Raum, zählt das umliegende Tal doch neben seiner Funktion als Ausgangspunkt für Trekking-Touren in fast alle Regionen des Königreiches als eines der farbenprächtigsten kulturellen Zentren Asiens. Die drei Königsstädte Kathmandu, Patan und Bhaktapur mit ihren alten Palast- und Tempelanlagen haben, trotz des irrsinnig zunehmenden Autoverkehrs, noch immer nichts von ihrem Charme verloren. Wanderungen ins Umland der Hauptstadt versprechen nicht allein eine gelegentlich noch anzutreffende Dorfidylle, sondern in den höheren Lagen der Umgebung – wie in Nagarkot und Dulikhel – schöne Ausblicke auf die Bergwelt des zentralen Himalaya. Nutzen sollten Sie in Kathmandu die Möglichkeit zum berühmten »Mountain Flight«, einem einstündigen Flug entlang der zentralen Himalaya-Hauptkette mit dem beeindruckenden Panorama der fünf Achttausender *Shisha Pangma, Cho Oyu, Mt. Everest, Lhotse* und *Makalu*, die einige der schönsten Siebentausender der Kette, wie *Pumori, Melungtse* und *Gaurisankar*, einrahmen.

KHUMBU ⑱. Die einst aus Osttibet ins nördliche Nepal eingewanderten Sherpa besiedeln die Hochregionen um den *Mt. Everest*, den Rolwaling Himal mit dem heiligen Sherpa-Berg *Tseringma* (Gaurisankar, 7144 m), bis hin in die höheren Lagen der nördlichen *Sunkosi-Nebentäler*. Der Lebensraum der Sherpa, nach dem Gletscher auf der Everest-Südseite Khumbu benannt, bietet mit vier Achttausendern ein überwältigendes Gebirgspanorama. Im Südosten überragen die Gipfel von *Lhotse* (8516 m) und *Lhotse Shar* (8336 m) das Tal, das mit einem Gletscher beginnt und beim Hauptort Namche Bazar in die Täler der vom Massiv des → Cho Oyu herabkommenden Flüsse einmündet. Von hier führt seit alters her eine wichtige Handelsroute über den *Nangpa-Paß* nach Tibet hinüber.

Von den bis in die Neuzeit bestehenden Verbindungen zum Nachbarn im Norden zeugt unter anderem das nach einem Brand in den Jahren 1989 bis 1993 wiederaufgebaute buddhistische Kloster *Tengboche*. Das Kloster ist der kulturelle und religiöse Mittelpunkt der Khumbu-Region. In herrlicher Lage auf einem Bergsattel errichtet, bietet es ein überwältigendes Panorama der Achttausender in der Ferne und einiger zwar kleinerer, aber besonders schöner Gipfel wie *Ama Dablam* und *Kang Taiga*.

KULA KANGRI ⑲. Unmittelbar jenseits der Grenze in Tibet gelegen, zählt dieses im Hauptgipfel 7554 Meter hohe Massiv gleichwohl zum Bhutan-Himalaya. Kula Kangri ist einer der vier heiligen Berge des klassischen Tibet und daher bis heute unbestiegen. Die auf ihm residierende bedeutende Berggottheit überblickt von Norden die südtibetische Landschaft *Lhoka*, die sich zwischen Bhutan und dem vielleicht schönsten See des Hochlandes, *Yamdrok Tso*, erstreckt. Fast alle bedeutenden historischen Orte Bhutans, wie Punakha, Wangduphodrang, Tongsa und Jakar im Bumthang-Tal, liegen an Flüssen, die ihr Quellwasser aus dem Massiv des Kula Kangri beziehen.

KYIRONG ⑳. Das zwischen den Achttausendern *Manaslu* und *Shisha Pangma* liegende, von Kathmandu nur knapp hundert Kilometer Luftlinie entfernte »Glückliche Tal« der Tibeter ist von Nepal aus nur auf einem dreitägigen Umweg über den tibetischen Grenzort Zhangmu (tib. Tram) per Jeep zu erreichen. Kyirong ist die nördliche Fortsetzung des nepalischen *Langtang-Tals*. Es zeichnet sich besonders durch seine lieblich-grüne Landschaft aus. Die Tempelarchitektur hat viele nepalische Elemente übernommen, weshalb wir es als ein schönes Gegenstück zu den »tibetischen« Regionen Nepals und Indiens sehen können.

1

2

3

LADAKH und **ZANSKAR** ㉑. Das wüstenhafte, von schneebedeckten Bergketten durchzogene Ladakh wird seit seiner Öffnung 1974 als »Klein-Tibet« gerühmt, da es lange Zeit fast nur hier möglich war, ursprüngliche lamaistische Klosterkultur zu erleben. Die ladakhische Hauptstadt Leh kann auf dem Luft- und dem Landweg erreicht werden und bietet eine Fülle von Ausflugsmöglichkeiten in alle Himmelsrichtungen. Ein Muß für alle »Erstlinge« sind die großartigen Klosterbauten von *Hemis, Phiyang, Alchi* und *Lamayuru*, um nur die wichtigsten zu nennen. Über den 5400 Meter hohen *Khardung-Paß* ist seit dem Jahr 1994 das sich südlich des 70 Kilometer langen *Siachen-Gletscher* erstreckende *Nubra-Tal* für Touristen zugänglich geworden. Im Osten darf der ladakhische Changthang bis an den über die tibetische Grenze reichenden See *Pangong Tso* besucht werden. Wer die kleineren, durchaus nicht weniger spektakulären Klöster liebt, die oft grandios in einer abgelegenen Bergwelt liegen, dem sei das Zanskar-Tal empfohlen. Über Kargil ist dessen Hauptort Padum auf einer Piste mit dem Bus erreichbar, und von dort lassen sich die einsamen Nebentäler des kleinen ehemaligen Fürstentums ebenso erkunden wie Treks in die Nachbarregionen beginnen.

LHOTSE ㉒ → Khumbu.

MAKALU ㉓ → Shekar.

MANASLU ㉔. Der mit 8163 Metern siebthöchste Berg auf unserer Erde liegt im zentralen nepalischen Distrikt Gorkha.

1 *Ein Tschörten (Reliquienschrein) in der Nähe der Siedlung Rumbagh im südlichen Ladakh.*

2 *Detailaufnahme des Klosters Phugtal in Zanskar, das schon im 11. Jahrhundert gegründet wurde. Seit dem 15. Jahrhundert gehört es zum Orden der Gelbmützen.*

3 *Hoch in den Felsen über dem Fluß Shade liegt das Höhlenkloster Phugtal, eine der ungewöhnlichsten Anlagen im Himalaya.*

1

LOSAR

Das tibetische Neujahrsfest

Eines der wichtigsten und aufwendigsten religiösen Feste in Tibet ist das Neujahrsfest im Februar oder März. Da sich der Kalender der Tibeter nicht nach der Sonne, sondern dem Mond richtet, variiert der Beginn von Jahr zu Jahr.

Am 29. Tag des letzten Mondmonats, der schon fast seit seinem Beginn den Vorbereitungen zu Losar gewidmet war, werden nach Vollendung des Großputzes mit Mehl und Kalk Glückszeichen auf Küchen- und Häuserwände gemalt. Frühmorgens beginnen die Klöster mit dem ersten heiligen Zeremonialtanz, der als besonders glückverheißend gilt. Am letzten Abend des alten Jahres bringt man auf dem Hausaltar Opfergaben dar und legt die Festkleidung zurecht.

Am eigentlichen Neujahrstag, dem ersten Tag im ersten Mondmonat, wird im Kreis der Familie gefeiert. Als erste steht die Hausfrau sehr früh auf, um mit dem ersten Eimer Wasser das Vieh zu tränken. An der Wasserstelle verbrennt sie Räucherwerk und hinterläßt den Naga-Geistern Gerstenbier und Opferteig. Danach weckt sie alle Familienmitglieder, und nach einer Andacht vor dem Hausaltar holt der Älteste das Drosochemar, ein mit Tsampa, gerösteten Weizenkörnern und wildem Ginseng gefülltes Getreidemaß. Es symbolisiert den Dank für die Ernte des vergangenen Jahres. Als Opfergabe an die Geister wirft man einige Weizenkörner in die Luft. Bei Changkhol, glücksbringendem Wein, und Chemar, Teig aus Gerste und Butter, beglückwünscht man sich mit dem Neujahrsgruß Losar Tashi delek – «Glück und Segen zum neuen Jahr». Das Neujahrsfrühstück besteht aus Söcha (Buttertee), Dresit (gesüßtem Reis) und einer Auswahl von Khabse (spezielle Neujahrskuchen). Vom zweiten bis zum vierten Tag besucht man Verwandte und zieht neue Gebetsfahnen auf den Dächern auf, um die Hausgeister wohlgesonnen zu stimmen. In dieser Zeit verwandelt sich der Dorfplatz zum festlichen Tanzplatz; überdies wird gern allerlei Schabernack getrieben und das andere Geschlecht gefoppt. In den darauffolgenden Tagen, bis hin zum 15. Tag, gehen die Menschen in den Städten festlich gekleidet und geschmückt in den Straßen flanieren. Die Kleidung soll in Lhasa und in Jyekundo von besonderer Pracht sein, am wertvollsten aber in Nord-Kham.

Verständlicherweise laufen die Feierlichkeiten innerhalb der Klostermauern anders ab. Dort finden Zeremonien und Versammlungen mit unterschiedlichem rituellem Hintergrund statt. Die Schutzgottheiten werden um ihren Segen angerufen, Glück für den Dalai Lama beschworen und Divinationen abgehalten.

Normalerweise findet in der zweiten Woche des neuen Jahres, vom 8. bis zum 15. Tag, das Große Gebetsfest, Mönlam Chenmo, zu Ehren Sakyamunis statt. Zu diesem Anlaß strömen gläubige Lhasa-Bewohner und Pilger in allen Gängen und Höfen des Jokhang und anderer Tempel zusammen, um an den großen Gebetszeremonien der von den Gelugpa-Klöstern um Lhasa kommenden Mönche teilzunehmen. Den Abschluß der offiziellen Neujahrsfeierlichkeiten – inzwischen sind zwei Wochen ins Land gegangen – bildet das Butterfest. So werden in Lhasa rings um den Barkhor – und in manchen tibetischen Großklöstern – jene von Mönchen aus Butter gefertigten Blumen, Menschen- und Tierfiguren, ja ganze Bilderserien, ausgestellt. Am Großen Gebetsfest werden diese Butterfiguren dann als Dank für die gelungene Unterwerfung böser Dämonen geopfert.

2

4

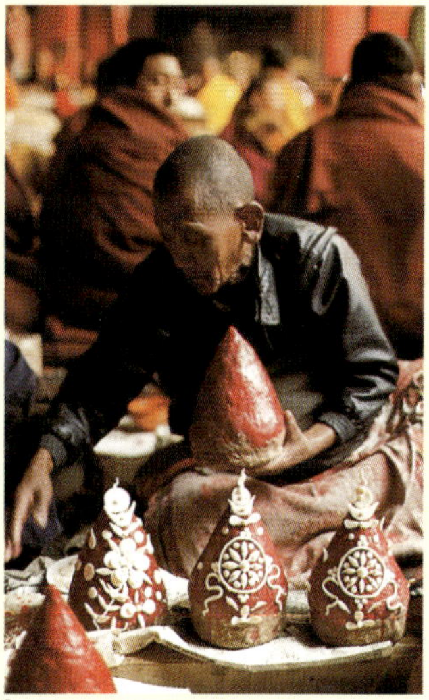

5

1 *Tormas (Opferkuchen) im Jokhang von Lhasa.* – 2 *Butterskulpturen im Kloster Labrang, Amdo.* – 3 *Mönche im Kloster Tashilhunpo bereiten Tsampa, den traditionellen Gerstenbrei, vor.* – 4 *Gebetszeremonie im Jokhang.* – 5 *Ein alter Mönch im Jokhang verziert liebevoll die letzten Tormas.*

Dessen Name geht zurück auf das von Kathmandu in wenigen Stunden Autofahrt erreichbare alte Städtchen, von dem aus die Gurkha im 18. Jahrhundert ihren Ausgang zur Eroberung Nepals nahmen. Von Süden fällt der Blick nicht nur auf den Hauptgipfel, sondern auch auf die vorgelagerten Siebentausender *Himalchuli* und *Ngadichuli*. Der übliche Zugang erfolgt durch das Tal des *Buri Gandaki*.

MUSTANG ㉕. Als eines der letzten »verbotenen Himalaya-Königreiche« ist das im Regenschatten der gewaltigen Massive von *Annapurna* und *Dhaulagiri* gelegene Mustang erst vor wenigen Jahren für Fremde zum Besuch freigegeben worden. Nördlich an den Jomosom-Trek (siehe Seite 171) und die Takkhola (siehe Seite 129) anschließend, führen von der Flugpiste in Jomosom, je nach Route und Kondition, drei bis fünf Trekkingtage nach *Lo Manthang*, der Hauptstadt des kleinen ehemaligen Fürstentums mit nur wenigen Tausend Einwohnern (Bhotia). Die mittelalterliche, noch ganz von einer rechteckigen Stadtmauer umgebene Stadt, ursprüngliche Dörfer mit intakten kleinen Dorftempeln und -klöstern sowie eine einzigartige Canyonlandschaft vor der Kulisse schneebedeckter Bergketten machen den besonderen Reiz Mustangs aus, dessen Originalität und Unberührbarkeit die Behörden durch hohe Gebühren, limitierte Besucherzahlen und geführte Gruppen zu bewahren suchen.

NAMCHA BARWA ㉖. Östlicher Eckpfeiler des Himalaya ist zwar kein Achttausender, aber mit dem 7756 Meter hohen Namcha Barwa ein Gipfel, der alle anderen Berge des Ost-Himalaya bei weitem überragt. In einer rund 5000 Meter tiefen Schlucht beginnt der Tsangpo, wie der große indische Strom Brahmaputra in Tibet heißt, seinen Durchbruch durch die gewaltigen Bergketten im Süden. Die Steilheit der Hänge, die großen Regenmengen sowie die, aufgrund großer Feuchtigkeit, dichte Urwaldvegetation haben in *Pemakö*, jener »verheißenen Region« der Tibeter im Raum des Tsangpo-Knies, eine der unzugänglichsten Landschaften bewahrt. Die Ortschaft Metok liegt im einzigen Landkreis der VR China – mit 9200 Einwohnern auf einer Fläche so groß wie Belgien –, der nicht mit Fahrzeugen erreichbar ist. Eine im Jahr 1993 fertiggestellte Straße mußte bereits wieder dem Dschungel überlassen werden, der in den tieferen Lagen oft nur mit Buschmessern zu durchdringen ist. Am nächsten kommen Sie dem Gebirgsmassiv des Namcha Barwa auf einer zwei bis drei Tage dauernden Bus- und Jeepfahrt von Lhasa über Nyingchi, von wo eine Piste auf das Südufer des Yarlung-Tsangpo und näher an das vergletscherte Gebirge führt. Zu Fuß läßt sich dem Lauf des Yarlung-Tsangpo noch eine Weile folgen; schließlich aber müssen wir den auf 45 Kilometer Luftlinie 2000 Meter in die Tiefe stürzenden Fluß sich selbst und dem dichter werdenden Dschungel überlassen.

NANGA PARBAT ㉗. Majestätisch wacht dieser berühmt-berüchtigtste aller Achttausender über die westlichen Ausläufer des Himalaya. Berüchtigt deshalb, weil kein anderer der Großen der Welt so viele Opfer an Bergsteigern und Trägern gefordert hat wie der 8125 Meter hohe Eisriese. Der von Norden kommende Indus wird von ihm gezwungen, weit nach Westen abzubiegen, weshalb die Handelskarawanen in alter Zeit an seiner Westflanke über den *Babusar-Paß* südwärts ins *Kaghan-Tal* zogen. Da er alljährlich von Oktober bis Mai tief verschneit bleibt, mußten Händler und Pilger, die über die Seiden-

Oben: Zwischen den Siwalik-Ketten im Süden und den hohen Eisbergen des Himalaya im Norden erstreckt sich das nepalische Mittelland mit Höhen um die 3000 Meter.

Unten: Die Nordostseite des 8163 Meter hohen Manaslu, höchster Gipfel des Gurkha Himal im zentralen Nepal. Der Berg zählt zu den technisch leichten Achttausendern.

Im nördlichen Himalaya finden wir am Ein- und Ausgang vieler Ortschaften solche Tortschörten. Ihr Durchgang ist häufig mit buddhistischen Motiven, manchmal auch mit einigen Gebetszylindern geschmückt.

Farbenprächtiger Klosterkomplex in Nyiphu im nördlichsten Mustang.

straße zogen, oftmals im milden Indus-Tal überwintern. So hinterließen sie die große Zahl an Felsbildern, buddhistischen Bildnissen und Inschriften, die durch den Bau des *Karakorum Highway* bekannt und berühmt geworden sind. Die majestätische Größe des Nanga Parbat ist – wenn sie nicht von Wolken verhüllt wird – auf dem Flug von Rawalpindi nach Gilgit zu ermessen, wenn man in ungefähr 5000 Meter Höhe weit unterhalb seines mächtigen Gipfels vorbeifliegt.

PARO-TAL ㉘. Das Städtchen Paro, dessen Einwohnerzahl in der Kernsiedlung allenfalls einige hundert Menschen umfaßt, erstreckt sich über die ganze gleichnamige Talschaft. Hier liegt nicht nur Bhutans einziger Flugplatz zu Füßen der im 17. Jahrhundert erbauten Klosterburg *Rinchenpung Dzong* (mit dem großen Klosterfest im Frühjahr), sondern von hier sind auch zwei der bekanntesten Sehenswürdigkeiten des Drachenlandes leicht erreichbar. Wenige Kilometer nördlich thront in einer steilen Felswand das *Taktsang-Kloster* (»Tigernest«) über dem Tal, wohin angeblich im 8. Jahrhundert der buddhistische Weise und Magier Padmasambhava auf einem Tiger geritten kam. Wer das Paro-Tal weiter flußaufwärts fährt, gelangt am Ende der Teerstraße zu einer Burgruine, von der aus sich der Blick auf *Chomolhari* (7315 m), die »Herrin des Götterberges«, eröffnet. Hinter dem markanten, von Zentralbhutan am leichtesten erreichbaren Schneegipfel erstreckt sich bereits das tibetische *Chumbi-Tal*, durch das die frühen Tibet-Expeditionen zogen, um Lhasa zu erreichen.

Die Ruinen des ehemaligen Dzongs (Burg) von Shekar in Tibet erinnern an die Kulturrevolution, als (unter anderen) chinesische und tibetische Rote Garden fast alle Klöster und Heiligtümer im Land zerstörten.

SHEKAR ㉙. Der tibetische Kreis Shekar ist wichtiger Ausgangspunkt für alle Bergsteigergruppen, die den → Mt. Everest von der Nordseite her besteigen wollen. Er ist per Jeep in einer Tagesfahrt sowohl von Lhasa als auch von der nepalisch-tibetischen Grenze aus zu erreichen. Der verschlafene Ort Shekar (4300 m ü. M.), über dem auf einem steilen und felsigen Berg die Ruinen der ehemaligen Festung und das eindrucksvolle kleine *Kloster Shekar Chöde* thronen, lädt zur Höhenanpassung ein. Ist die Piste in fahrbarem Zustand, gelangen Sie auf einer weiteren Jeepfahrt über Peruche und Rongbuk zum *Everest Base Camp*. Eine andere Piste führt von Peruche ins Flußtal des Phung Chu, der in Nepal als Arun die Himalaya-Hauptkette nach Süden durchbricht. Die Piste endet in Kharta, rund 25 Kilometer Luftlinie vom Gipfel des Makalu (8463 m) entfernt. Pfade führen bis nahe an dessen Nordostflanke und weiter westwärts in das nordöstlich des Lhotse liegende *Karma-Tal*. Das von drei Achttausendern überragte Tal auf etwa 4300 Meter Höhe gehört mit seinen Wäldern, Weiden, Gletschern und der alpinen Flora zu den außergewöhnlichsten Flecken der Erde.

Eine anstrengende Tageswanderung von Kharta in Richtung Süden führt über den *Samchung-Paß* in ein Hochtal mit 14 Seen, die in den unglaublichsten Farben von smaragdgrün, türkis über blau bis schwarz schillern.

Traditionell gekleidete Tibeterin in der Nähe von Shekar.

SHISHA PANGMA ㉚. Kaum einer der Achttausender ist leichter erreichbar und zu Gesicht zu bekommen, als der zweitniedrigste unter ihnen und gleichwohl höchste Gipfel Tibets. Mit 8046 Metern ragt er knapp über die magische Grenze, doch wer bei guter Sicht von Nepal oder Lhasa kommend auf dem 5100 Meter hohen *Tong-Paß* aussteigt, wird überwältigt sein von der wuchtigen Eis- und Gebirgsmasse der Shisha Pangma – oder *Gosainthan*, wie der Berg in Nepal heißt. Sein südliches Basislager ist über Nyalam, 35 Kilometer vor der Grenze zum Hindu-Königreich, durch ein kleines Seitental zu erreichen. Auf dem Weg zum südöstlich des Sees *Pelgu Tso* gelegenen Nordwand-Basislager eröffnen sich zwischen den vorgelagerten Hügelketten großartige Ausblicke auf den Eisriesen. Die Route führt über den Tong-Paß nordwärts und nach dem unmittelbar folgenden *Lalung Leh* westwärts ins schöne *Porong-Tal*.

SIKKIM ㉛. Wie ein verstecktes »Märchenland« entfaltet das einstige Königreich seine Schönheit im Schatten des Bergriesen *Kangchendzönga*. Mit von grünen Wäldern bedeckten Hängen, überwuchert von Orchideen und Rhododendren, und reißenden Gebirgsbächen, die aus den Gletscherregionen herabstürzen, galt es den Tibetern schon früh als eines der verheißungsvollen »Verborgenen Täler«. Wie viele Dörfer im kleinen indischen Bundesstaat zieht sich auch die Hauptstadt Gangtok terrassenartig über steile Berghänge hin. Die Attraktionen Sikkims sind die lamaistischen Klöster und der Blick auf die vom dritthöchsten Berg der Welt dominierten Ketten des Himalaya.

TANZENDE GÖTTER

Obwohl die farbenprächtigen Hindu-Feste im Kathmandu-Tal zu den großen Ereignissen im Himalaya zählen, locken die buddhistischen Mysterienspiele, insbesondere das Paro-Fest im März/April in Bhutan, die meisten Touristen an. Ob in den Klöstern Ladakhs, in Khumbu, Tibet, Sikkim oder Bhutan – stets faszinieren die farbenfrohen Masken, deren Dämonenfratzen die Feinde des Buddhismus in die Flucht schlagen sollen. Wer sich auf die Inhalte der bhutanischen Mysterienspiele vorbereitet, die in einem volksfestartigen Rahmen aufgeführt werden, kann einen Einstieg in die Lehrinhalte des tibetischen Buddhismus erhalten. In Zeremonialtänzen werden geschichtliche Themen und populäre Legenden dargestellt, beschwörende und ermahnende Tänze ebenso wie aufheiternde Einlagen von Spaßmachern machen mit Überlieferung und Lehre vertraut. Wenn lange vor Morgengrauen des fünften Festtags ein riesiges, 30 Meter hohes Thangka (heiliges Rollbild) an einer Klostermauer herabgelassen wird, erreicht die mystische Stimmung den Höhepunkt.

Flugzeuge landen können, haben Sie den besten Ausgangspunkt, um die Bergwelt der ethnisch und kulturell zu Tibet zu rechnenden Hochtäler zu besuchen. Zahlreiche der teilweise überaus alten Klöster, wie das bald tausend Jahre alte *Tabo*, sind nicht nur zu Fuß, sondern auch per Jeep zu erreichen.

TAKKHOLA ㉝ → Seite *29*

TRANSHIMALAYA ㉞. Nördlich der Himalaya-Hauptkette und des Tsangpo-Flußtals ziehen sich – parallel und fast gleich lang – Gebirgszüge von Westen nach Osten durch Südtibet hin (siehe auch Seite 39 und 53). Sie wurden zu Beginn des 20. Jahrhunderts vom Forschungsreisenden Sven Hedin Transhimalaya getauft: *trans* – jenseits des Himalaya, obschon sie sich aus durchaus verschiedenen Bergketten zusammensetzen. Die beiden bedeutendsten Gebirgszüge, die beide über 7000 Meter Höhe reichen, sind der *Kang Tise* im Westen – mit dem berühmten Heiligen Berg *Kailash* (siehe Seite 74) – und östlich anschließend der *Nyenchen-Thangla*, welcher als einer der bedeu tendsten heiligen Berge Zentraltibets gelten darf. Ein besonders beeindruckendes Panorama seiner Bergketten haben Sie vom Ufer des an seinem Nordfuß sich ausbreitenden Sees *Nam Tso*, wenn sich der Hauptgipfel bei schönem Wetter majestätisch über dessen tiefblauem Wasser erhebt. Der See ist per Jeep in einem Tag von Lhasa aus zu erreichen.

ZANSKAR ㉟ → Ladakh.

Eine zentrale Figur im tibetischen Buddhismus ist der aus Indien stammende Yogi, Magier und Tantriker Padmasambhava (der Lotosgeborene). Er verbreitete die Lehre im Himalaya und in Tibet, wo er im 8. Jahrhundert in der Nähe von Lhasa das Kloster Samje gründete. Zu seiner Ehre werden im Himalaya bedeutende Feste veranstaltet. Hier ein Maskentanz während des Paro-Festes in Bhutan.

SPITI, LAHUL und **KINNAUR** ㉜. Die »Mittlere Provinz«, Spiti, liegt wie die beiden sie einrahmenden Regionen Lahul und Kinnaur im indischen Bundesstaat Himachal Pradesh. Vom westlich sich anschließenden grünen *Kulu-Tal*, wo kleine

Zum Gedenken an den großen Magier Padmasambhava werden im Kloster Hemis (Ladakh) die berühmten Maskentänze aufgeführt.

Blick vom Ort Thame: Nach einem Schneesturm wirken Khabsale, Khumbila, Thamserku und Kangtaiga wie weltentrückte Zauberberge.

DIE SCHÖNSTEN KLÖSTER UND KULTSTÄTTEN IN NEPAL

PASHUPATINATH Das in der Nähe des Flughafens von Kathmandu liegende Shiva-Heiligtum verdankt seine Bedeutung als wichtigste Kultstätte des Hinduismus seiner Lage am Bagmati, einem Nebenfluß des heiligen Ganges. Selbst aus Indien pilgern Gläubige zu diesem uralten Heiligtum, in dem Shiva als Pashupati, als »Herr der Tiere« verehrt wird. Die Errichtung der Tempelanlage im 4. Jahrhundert ist eng mit der indischen Mythologie verknüpft. Die Gesamtanlage wird vom Bagmati durchflossen. Der Zugang zu dem von vergoldeten Pagodendächern gekrönten Hauptheiligtum ist Nicht-Hindus untersagt. Man kann jedoch vom gegenüberliegenden Hang eine Blick in die ausgedehnte Anlage werfen. Am Ufer des Flusses reihen sich Pilgerherbergen und Verbrennungsplattformen aneinander, auf denen noch heute die Verstorbenen eingeäschert werden.

BODNATH Der zwischen Kathmandu und Bhaktapur gelegene Stupa ist neben Swayambunath das zweite große Zentrum der buddhistischen Lehre im Tal von Kathmandu. Durch Flüchtlinge aus Tibet hat Bodnath einen beachtlichen Aufschwung erlebt, der seinen Niederschlag in zahlreichen Klosterneubauten gefunden hat. Bodnath pflegte traditionell enge Beziehungen mit Tibet, war zwischen dem 17. und 19. Jahrhundert sogar der tibetischen Rechtsprechung unterstellt und ist noch heute Sitz des einflußreichen Chini Lama. Die Architektur ist von vielschichtiger Symbolik und kann als Darstellung des Weltbergs Meru oder als Umsetzung der vier Grundelemente Erde, Wasser, Feuer, Luft interpretiert werden, wobei die Spitze der Stupa je nachdem die Welt der Götter oder die Sphäre des reinen Bewußtseins repräsentiert. Obwohl der ringförmige Hof heute fast wie ein Basar wirkt und die Händler sich sehr auf den Tourismus eingestellt haben, kann man sich der Ausstrahlung des leuchtend

weißen Heiligtums kaum entziehen. Einen Besuch lohnen auch die umliegenden Klöster, die einen lebendigen Eindruck vom heute praktizierten tibetischen Buddhismus vermitteln.

CHANGU NARAYAN Die etwa sieben Kilometer von Bahktapur entfernt auf einem Hügel liegende hinduistische Tempelanlage gehört zu den ältesten Kultstätten des Landes und ist vor allem wegen ihrer kunstvollen Reliefs aus der Licchavi-Epoche einen Besuch wert. Das dem Pashukpatinath-Tempel nachempfundene Bauwerk aus dem 18. Jahrhundert ist dem Gott Vishnu geweiht, der zwar in enger Beziehung zum Königshaus steht, im Volk jedoch weniger Popularität genießt als Shiva.

SWAYABBUNATH Die zwei Kilometer westlich von Kathmandu von einem Hügel über die Stadt blickende Kultstätte zählt zu den eindrucksvollsten buddhistischen Heiligtümern des Landes. Die Bausubstanz stammt nachweislich zum Teil noch aus dem 5. Jahrhundert. Im Laufe der Geschichte wurde der Stupa mehrfach zerstört. Zu ihrem heutigen Glanz entwickelte sich die Anlage erst im 17. Jahrhundert. Zum Gipfel hinauf führen 365 Stufen, flankiert von Buddhas, heiligen Tieren, Gebetsmühlen und Mani-Steinen, die den Gläubigen auf das Heiligtum einstimmen sollen. Von der Tempelplattform hat man einen weiten Blick über das Tal und die Stadt Kathmandu.

TENGBOCHE Das buddhistische Kloster von Tengboche in der Region von Khumbu (einen Tagesmarsch von Namche Bazar entfernt) gehört aufgrund seiner einzigartigen Lage auf einem 3867 Meter hohen Bergsattel zu den eindrucksvollsten Kultstätten im ganzen Land. Das Kloster

Oben: Das Dorf Sakya und einige wiederaufgebaute Hallen des nördlichen Klosters von Sakya, dem Stammkloster des Sakya-Ordens. Typisch für diese Region ist die Streifenbemalung der Häuser.

Links oben: Das hinduistische Heiligtum Pashupatinah.

Links: Junge Mönche im Kumbumkloster nahe der chinesischen Stadt Xining. Das Kloster war von 1967 bis 1979 geschlossen, hat aber die Kulturrevolution unbeschadet überstanden.

Rechts oben: Die Klosteranlage der Stadt Tukche.

Rechts unten: Das Kloster Lhamo Si bei Kangding vor der atemberaubenden Kulisse schneebedeckter Sechstausender.

wurde 1916 vom Lama Gulu errichtet, der im Land der Sherpas großes Ansehen genoß, fiel aber bereits 1933 einem Erdbeben zum Opfer. Die Anlage wurde wieder aufgebaut, um 1989 von einem Brand fast völlig zerstört zu werden. Mit internationaler Hilfe, organisiert von Sir Edmund Hillary, wurde der erneute Wiederaufbau 1993 abgeschlossen. Höhepunkt des Klosterlebens ist das jährlich im November stattfindende Mani-Rimdu-Fest.

BAGH-BHAIRAVA-TEMPEL Dieser aus dem 16. Jahrhundert stammende Tempel liegt in der Stadt Kirtipur, fünf Kilometer westlich von Kathmandu. Darin verehren Hinduisten und Buddhisten den Gott Bhairava in Tigergestalt. Im Heiligtum werden auch Waffen aufbewahrt, mit denen sich die Bevölkerung lange Zeit erfolgreich den Eroberungsversuchen von Narayan Shah widersetzte.

MUKTINATH Diese bedeutende Pilgerstätte des Hinduismus befindet sich im Distrikt Mustang und liegt ca. 18 Kilometer nordöstlich von Jomosom auf einer Höhe von 3748 Meter. Auf einem hochgelegenen Zwischenplateau steht der Tempel des Gottes Muktinath. An den Festtagen Dschanai Purnima (Vollmond im August) und Ram Navami kommen dort Gläubige in großer Zahl zusammen, um den Gott zu verehren. Besonders beeindruckend: die 108 Wasserspeier im heiligen Hain.

DIE SCHÖNSTEN KLÖSTER UND KULTSTÄTTEN IN TIBET

GANDEN-KLOSTER Das 1409 von Tsongkhapa gegründete Zentrum der buddhistischen Reformschule der Gelugpa ist neben Drepung und Sera eines der drei Staatsklöster des alten Tibet. Rund 50 Kilometer östlich von Lhasa entwickelte sich die Klosterstadt in 4400 Meter Höhe zum drittgrößten Kloster Zentraltibets. Wohl

wegen der überragenden Bedeutung Gandens, das in einer zentralen Halle den Grabchörten des Reformators Tsongkhapa birgt, ist das Kloster in den sechziger Jahren von den Eiferern der chinesischen Kulturrevolution in Schutt und Asche gelegt worden.

KUMBUM-KLOSTER Nur 20 Kilometer südlich von Xining liegt das als Geburtsort Tsongkhapas besondere Verehrung genießende Kloster Kumbum Jampa Ling, das bereits 1927 durch Wilhelm Filchners Filmaufnahmen von Maskentänzen berühmt wurde. Das von 1560 bis 1577 erbaute Großkloster vereinigt in sich Elemente chinesischer und tibetischer Architektur, und die Mönche rekrutieren sich aus verschiedenen Ethnien – neben Tibetern auch Mongolen, Tu und Han-Chinesen.

LABRANG KLOSTER Als kulturelle und politische Drehscheibe zwischen Tibet, China, der Seidenstraße und der Mongolei erlebte das relativ junge Großkloster Labrang Tashi Chil nach seiner Gründung 1709 eine rasante Entwicklung. Das im Südwesten der Provinz Gansu gelegene, von Lanzhou in sechs Stunden Autofahrt erreichbare Labrang beherbergt heutzutage mit knapp zweitausend Insassen die größte Mönchsbevölkerung Tibets.

POTALA Dieser im 17. Jahrhundert in Lhasa erbaute Winterpalast der Dalai Lamas ist das weithin sichtbare Wahrzeichen Tibets. Kein anderes Bauwerk auf der Welt ist so sehr Symbol für ein ganzes Land geworden wie dieser wuchtige und doch elegante, mit weißen und roten Bauten gen Himmel strebende und von goldenen Dächern bekrönte Palast. Von dort oben, wo die tibetischen Gottkönige residierten, bietet sich das gesamte Panorama Lhasas samt Umland. Von hier sind auch die golden schimmernden Dächer von Tibets Allerheiligstem zu sehen: der Jokhang, die 641 unter König Songtsen Gampo errichtete Kathedrale von Lhasa. Als Schrein für die berühmte Buddhafigur »Jojo Rimpo-

che», ein Hochzeitsgeschenk seiner Braut, einer chinesischen Prinzessin, ist dessen Haus «Jo(bo Lha)khang» Ziel für zahllose Pilger aus dem ganzen Hochland.

DREPUNG Das auf das Jahr 1416 zurückgehende Staatskloster thront auf einem Abhang über dem Tal im Westen von Lhasa, 2 Kilometer von der Stadtmitte. Bis zum Bau des Potala-Palastes war es das politische Zentrum der Gelugpa-Hierarchie. Die Gelehrtheit seiner Mönche war legendär. In der Nähe des Klosters befindet sich das «Staatsorakel» – in der kleinen, prächtig ausgemalten Nechung Gompa.

RONGWO Im nordosttibetischen Rongwo-Tal, an einem Zufluß des Gelben Flusses, liegt das Großkloster Rongwo. In unmittelbarer Umgebung existieren mehrere kleine Klöster, in denen sich die Wutun-Malschule entwickelt hat. Hier ist jene Malerei entstanden, die für Amdo und weite Teile Osttibets prägend wurde.

SAKYA Eher einer trutzigen Festung als einer religiösen Stätte gleicht das 1268 errichtete Südkloster von Sakya in Südtibet, das große Kunstschätze birgt. Bis 1959 war das von einem inkarnierten Abt geführte Sakya-Mönchsfürstentum eine Art Staat im Staate geblieben. Es liegt etwa 160 Kilometer von Shigatse entfernt, in Richtung nepalesischer Grenze.

SAMYE-KLOSTER Dieses älteste Kloster Tibets ist um 763 gegründet worden und liegt in Luftlinie auf halbem Weg zwischen dem Yarlung-Tal und Lhasa. Bis heute untersteht es dem Orden der Nyingmapa – der «Alten». Seine symbolreiche Anlage – der Grundriß und die verschiedenen Gebäude sind als Mandala und somit als Abbild des Kosmos konzipiert – gehört zu den eindrucksvollsten Beispielen religiöser Architektur.

TSURPU Das auf das Jahr 1185 zurückgehende Stammkloster des Karma-Kagyü-Ordens liegt 70 Kilometer westlich von Lhasa 4400 Meter hoch in einem kleinen Tal. Nach der Kulturrevolution wieder aufgebaut, gehört Tsurpu zu den beliebtesten Klöstern bei tibetischen Pilgern, zumal seit der 17. Gyalwa Karmapa – nach dem Dalai und dem Panchen Lama die wohl bedeutendste Inkarnation auf dem Hochland – 1992 inthronisiert wurde und hier residiert.

Linke Seite: Architekturdetails in Patan: Terrakottaschmuck am Maha Baudha-Tempel (oben), hölzerne Stützbalken von Tempeldächern (Mitte), Eingang zum Tempel des «roten Matsyendranath (unten).

Maskentänze im Kumbum-Kloster in Amado. Der Tänzer sieht nicht durch die Augen, sondern durch den Mund der Maske.

Unzählige Gläubige umringen das Riesentangka, ein religiöses Rollbild, das an Festtagen im nordosttibetischen Kumbum-Kloster enthüllt wird.

Von den Gletschern im obereren Chukung-Tal bahnen sich die Schmelzwasser den Weg durch die Moränenlandschaft.

Impressum

Bildnachweis:
Himalaya und Karakorum: Andreas Gruschke, S. 25 (2), 29 M.o. und u., 30/31, 55 M.;
alle anderen Bilder dieses Teils: Jürgen Winkler
Reisen auf dem Dach der Welt: Hans-J. Aubert, S. 162 (2), 164/165, 168/169, 182/183, 186, 190/191
Andreas Gruschke, S. 158 u., 166, 167, 184, 185, 188/189
Jürgen Winkler, S. 158 o., 159, 160, 161, 162, 163

Gesamtredaktion dieser Ausgabe: Dr. Birgit Kneip
Konzeption der Originalausgaben: Axel Schenck
Lektorat: Dagmar Ahrens, Georg Hohenester, Claudia Meßmer,
Katrin Ritter, Dorothea Steinbacher
Bildgestaltung: Joachim Hellmuth
Grafische Gestaltung: Angela Drees, Verena Fleischmann, Martina Lingler
Karten: Astrid Fischer-Leitl, München
Umschlag: Atelier für Gestaltung, Friedberg, unter Verwendung eines
Bildes von Hans-J. Aubert
Repro: Repro Lana, I-Lana; Repro Ludwig, A-Zell am See;
Oestreicher + Wagner, München
Herstellung: Gabriele Kutscha
Printed by MKT Print, Slovenia

Die Deutsche Bibliothek – CIP-Einheitsaufnahme
Ein Titeldatensatz für diese Publikation ist bei der Deutschen Bibliothek erhältlich.

Für diese genehmigte Sonderausgabe mit aktualisiertem Reiseteil:

ISBN 3-86517-054-4